Do sagrado ao santo

Emmanuel Levinas

Do sagrado ao santo

Cinco novas interpretações talmúdicas

TRADUÇÃO DE
Marcos de Castro

CIVILIZAÇÃO BRASILEIRA

Rio de Janeiro
2001

COPYRIGHT © 1977 by Les Éditions de Minuit

TÍTULO ORIGINAL EM FRANCÊS
Du Sacré au Saint – Cinq Nouvelles lectures talmudiques

CAPA E PROJETO GRÁFICO:
Evelyn Grumach

Esta tradução teve apoio do Ministério Francês da Cultura - Centro Nacional do Livro

CIP-BRASIL. CATALOGAÇÃO-NA-FONTE
SINDICATO NACIONAL DOS EDITORES DE LIVROS, RJ

L645d
Levinas, Emmanuel, 1906-1995
Do sagrado ao santo: cinco novas interpretações talmúdicas / Emmanuel Levinas; tradução Marcos de Castro – Rio de Janeiro: Civilização Brasileira, 2001.
256p

Tradução de: Du sacré au saint
ISBN 85-200-0560-8

1. Talmude – Crítica, interpretação etc. – Discursos, conferências etc. I. Título.

00-0149
CDD 296.1206
CDU 296.8

Todos os direitos reservados. Proibida a reprodução, armazenamento ou transmissão de partes deste livro, através de quaisquer meios, sem prévia autorização por escrito.

Direitos exclusivos de publicação em língua portuguesa para o Brasil reservados pela
EDITORA CIVILIZAÇÃO BRASILEIRA
um selo da
DISTRIBUIDORA RECORD DE SERVIÇOS DE IMPRENSA S.A.
Rua Argentina 171, São Cristóvão, Rio de Janeiro, RJ, Brasil, 20921-380
Telefone (21) 585-2000

PEDIDOS PELO REEMBOLSO POSTAL
Caixa Postal 23.052, Rio de Janeiro, RJ – 20922-970

Impresso no Brasil
2001

Sumário

NOTA DA EDITORA 7
APRESENTAÇÃO 9

PRIMEIRA LIÇÃO Judaísmo e revolução 13
SEGUNDA LIÇÃO Juventude de Israel 59
TERCEIRA LIÇÃO Dessacralização e desencantamento 89
QUARTA LIÇÃO E Deus criou a mulher 131
QUINTA LIÇÃO Os prejuízos causados pelo fogo 161

GLOSSÁRIO DE TERMOS JUDAICOS 197

Nota da editora

O tradutor optou por utilizar as formas tradicionais em língua portuguesa dos nomes hebraicos. Assim, em vez de Zakharia, Yehudá e Yohanan (para Zekharia, Yehouda ou Yohanan, formas que estão na edição francesa), ele traduziu por Zacarias, Judá e João, o que pode parecer um pouco estranho para o leitor que tem intimidade com o hebraico, mas sem dúvida facilita as coisas para o leitor comum de língua portuguesa, aos quais esta edição é dirigida. Até porque, em edições de outras obras judaicas no Brasil, encontramos sempre Judá, para o célebre rabi Judá Hanassi, por exemplo, em vez de Yehudá ou Iehudá.

Tanto para os nomes próprios como para os substantivos comuns, ele eliminou sistematicamente o *y*, que não teria sentido numa transcrição do português moderno, em cujo alfabeto essa letra não existe. O conjunto *yi* também foi transformado, pois há a tendência natural para a assimilação quando do encontro de duas vogais iguais. Assim, no caso do nome próprio Yitzhak, por exemplo, foi usado Itzak.

Quanto ao *k*, também excluído de nosso alfabeto, foi substituído por *c* na quase totalidade das palavras. Neste caso, porém, abriram-se possibilidades de exceções: foi mantido, por exemplo, nos nomes Berakot (de um tratado), e no personativo Itzak.

Outra eliminação sistemática foi a do *h* de meio de sílaba, como no caso dos já citados Zekharia e Yitzhak, transformados em Zacarias e Itzak. Outros exemplos: *braitha* para braita e *Berakhot* para Berakot. O *an* em fim de palavra foi sempre mudado em *ã* (por exemplo, Nahman = Nahmã), enquanto o *am* foi mantido.

Para facilitar o entendimento de termos judaicos normalmente desconhecidos do leitor brasileiro, o tradutor preparou um glossário que se encontra no fim do volume.

Apresentação

As conferências reunidas neste volume foram proferidas de 1969 a 1975, no correr dos Colóquios dos Intelectuais Judeus de Língua Francesa, organizados pela seção francesa do Congresso Judeu Mundial. Apresentamos aqui, sob a forma escrita — como fizemos com as mais antigas, publicadas sob o título de Quatro interpretações talmúdicas, em 1968 —, o ritmo de sua versão oral e algumas lembranças das circunstâncias em que elas foram ditas.

Isso calha bem, parece, para a apresentação das passagens do Talmude, que é um ensinamento oral. Desse modo se conservam, até sua transformação em tratados, a abertura e o desafio da palavra viva. O que não se resume pelo vocábulo diálogo, do qual se abusa hoje. Um discurso singular entre todos os gêneros literários, o falar talmúdico representa, neste caso, provavelmente o modelo, e este é o lugar próprio ou privilegiado. É, afinal, literatura essa conversa que não pretende se tornar escrita? Conversa cujo tom se adapta a — ou emprega — uma certa nudez das palavras, uma certa brevidade da forma, como se esse tom ainda fosse gesto, que tem na alusão o seu forte. E desconfia da retórica que, do fundo de qualquer linguagem, levanta seus prestígios sedutores e logo urde a trama de um texto. Conversa que, desse modo, permanece absolutamente sóbria por causa de sua própria *indiferença em relação ao estilo, quer dizer, à escrita. Sobriedade que ultrapassa a de muitos dos exegetas modernos que, além de tudo, nem sempre desconfiam do grau desse estado de véspera. Mais ainda, em nenhuma das cinco "interpretações talmúdicas" que publicamos foram apagadas quaisquer linhas liminares que se arriscam a passar por um cuidado oratório em que o conferencista confessa ou declara seu nervosismo, enquanto, de diversos modos, essas interpretações repetem seu escrúpulo, sua humildade e a homenagem que prestam à inteligência e à sutileza extremas.*

Há algumas maneiras menos complicadas de se aproximar do Talmude. A maneira tradicional, em todo caso, teria menos necessidade de pedir desculpas. O famoso "estudo da Torá" é, para a piedade judaica, o cumprimento de uma vontade divina que valeria tanto quanto a obediência a todos os outros mandamentos reunidos. Esse estudo, na verdade, conservou Israel através dos tempos. Assegurou sua marcha e seus caminhos. Caminhos difíceis e enredados, exigindo concentração, vigor lógico e dons de invenção. Muito natural é também a outra interpretação, adotada com rigor por historiadores e filólogos, que pretenderiam se apoiar sobre a ciência — nesse domínio, ainda engatinhando — e reconstituir a herança talmúdica a partir de suas fontes: fiam-se em anacronismos e em movimentos contraditórios que se cruzariam nessas páginas veneradas pelos outros que eles abordam sem rodeios.

Mas nem a garantia da piedade judaica nem as "certezas" da "ciência do judaísmo" — Wissenschaft des Judentums — guiam as "interpretações talmúdicas" aqui propostas. Somos menos pacientes do que os historiadores e os filólogos para desconstruir a paisagem tradicional do texto que, durante mais de um milênio, abrigava a alma do judaísmo disperso e uno. Apesar da variedade de antiqüíssimas épocas nas quais se constituíam o solo e o relevo dessa paisagem e nas quais se desenhavam seus horizontes, investiu-se ela, já invariável, de uma espiritualidade que achava nas formas a sua expressão, seus arquétipos intelectuais e morais e os reflexos de sua luz. A maravilha de uma confluência e do poder da corrente que dela emana vale a maravilha de uma fonte única que se contesta. Mas se, na fidelidade ao texto "vivido" e recebido, os diversos estratos dessa sedimentação da história não são desconectados, fomos, entrando nessa área, menos solicitados do que o estudo tradicional para as "decisões práticas" decorrentes da lei, e menos aplicados — mas talvez também menos aptos — ao virtuosismo especulativo dos grandes mestres, cuja arte sublime constitui, entretanto, nas "casas de estudos" — nas iechivot —, *uma estética altamente notável.*

O que nos importa é certamente interrogar esses textos — aos quais está ligada, como a um chão, a sabedoria judaica — em função de nossos problemas de homens modernos. Mas isso não significa um direito imediato à seleção e uma pretensiosa separação do ultrapassado e do permanente. É preciso, preliminarmente, ter em conta o caráter não retórico desse dizer talmúdico e lê-lo sem negligenciar suas articulações, aparentemente contingentes, nas quais com freqüência se dissimulam o essencial e nas quais se ouve como que a respiração de seu espírito. É com essa tarefa prévia, e pela própria idéia de uma tal tarefa, que nosso livrinho tenta contribuir. O estudo tradicional nem sempre utiliza como tema as significações que aparecem como tal ou as toma como evidências "óbvias", levado que é pela dialética que delas brota; ou as expressa numa linguagem e num contexto nem sempre audíveis aos que ficam de fora. Esforçamo-nos para falar de outra maneira.

Uma palavra, enfim, sobre o fundo. O que pretendíamos nestas interpretações era fazer com que viesse à tona a catarse ou a desmitificação do religioso que opera a sabedoria judaica e, assim, ir contra a interpretação dos mitos — antigos e modernos — recorrendo a outros mitos, freqüentemente mais obscuros e mais cruéis, que assim mais se propagam e que passam por isso como profundos, sagrados ou universais. A Torá oral *fala "em espírito e em verdade", mesmo quando parece triturar versículos e a literatura da* Torá escrita. *Ela libera* o sentido ético como a última coisa inteligível do humano *e até do cósmico. Por isso é que intitulamos este livro com palavras que, em rigor, só têm a ver com o tema tratado na terceira leitura da série:* Do Sagrado ao Santo.[1]

---

[1] Para a apresentação geral do Talmude, conferir a introdução do livro *Quatro interpretações talmúdicas*, assim como ao início da quinta das presentes interpretações.

PRIMEIRA LIÇÃO   **Judaísmo e revolução**

TEXTO DO TRATADO DE *BABA METSIA*, 83a-83b.

Mishna.

Aquele que contrata operários e manda que eles comecem cedo e acabem tarde não poderia obrigá-los a isso, se começar cedo e acabar tarde não está de acordo com o costume local.

Onde o costume exige que eles sejam alimentados, ele está obrigado a alimentá-los; onde se exige que lhes sirva sobremesa, deve servir-lhes sobremesa. Tudo tem de estar conforme com o costume do lugar.

Um dia, o rabi João ben Matias disse ao filho: "Vá, contrate operários." O filho incluiu a alimentação entre as condições. Quando voltou, o pai disse: "Meu filho, mesmo que você lhes preparasse uma refeição igual à que o rei Salomão servia, não estaria quite com eles, porque estes são os descendentes de Abraão, de Isac e de Jacó. Enquanto eles não começarem o trabalho, vá e especifique: vocês só poderão ter pão e legumes secos."

O rabá Simão ben Gamaliel disse: "Não seria preciso dizer, porque, em todas as coisas, a regra é sempre seguir o costume do lugar."

Guemara.

Isso não é evidente? Se ele lhes pagasse um salário superior, compreender-se-ia que pudesse dizer: "Paguei-lhes um salário mais alto, acreditando que vocês começariam cedo e acabariam tarde"; nesse caso, ensina-nos nosso texto que eles poderiam responder: "Pagaste-nos um salário mais alto para que nosso trabalho fosse mais cuidadoso."

Rech Laquich diz: "O operário contratado, para entrar, assume a responsabilidade quanto a seu tempo, para ir trabalhar, assume a responsabilidade quanto ao tempo do empregador, porque está escrito (Sl 104, 22-23): 'O sol começa a nascer, eles [os leõezinhos] se retiram e recolhem-se a seus covis; o homem se dirige a seu labor, para cumprir sua tarefa até o entardecer.' Mas não se deveria observar o costume? Trata-se de uma vida nova. Não se deveria observar de onde vêm eles? Trata-se de uma população de origens diversas. E, se quiser, você pode dizer a eles: 'É para o caso de que ele lhes tenha avisado que os contrataria segundo a lei da Torá.'"

O rav Zera ensinava (outros dizem que era o rav José): "Está escrito (Sl 104, 20): 'Trazes as trevas e eis a noite'; este mundo é comparável à noite, 'a noite em que circulam todos os habitantes da floresta'; são os malfeitores deste mundo, comparáveis aos brutos da floresta (Sl 104, 22): 'O sol começa a nascer, eles se retiram e recolhem-se a seus covis.' Quando o sol se levanta para os justos, os malfeitores se retiram para o inferno, 'e recolhem-se a seus covis' (leia-se 'em suas casas', e trata-se de justos; não há justo que não tenha residência correspondente à sua dignidade). 'O homem se dirige a seu labor', os justos vão receber sua recompensa; 'cumpriu seu labor até o entardecer' (Sl 104, 23), aquele que soube conduzir sua tarefa até o entardecer."

Um dia, o rabi Elazar, filho do rabi Simão, encontrou

um funcionário encarregado de prender ladrões. E lhe disse: "Como você poderá conseguir alguma coisa contra eles, se eles são como os brutos?" Porque está dito: "Nela circulam todos os habitantes da floresta." Segundo outros, ele teria interpretado um outro versículo (Sl 10, 9): "Como o leão na floresta densa, ele arma secretas ciladas." E se você agarrar um justo e deixar que um malfeitor se vá? O funcionário respondeu: "Que posso fazer? É a ordem do rei." Então o rabi Elazar retomou a palavra: "Venha, vou ensinar-lhe como proceder. Vá por volta das quatro horas (dez horas) à estalagem; se você vir um bebedor de vinho com um copo na mão e cochilando, informe-se. Caso se trate de um sábio, é porque ele levantou cedo para estudar; se for um operário, é que ele foi cedo para o trabalho; se for um trabalhador noturno, ele pode ter fabricado agulhas; se não for nenhum desses, é um ladrão, e você pode prendê-lo." Quando souberam disso no palácio, disseram: "O autor da mensagem pode executar o serviço." Procuraram o rabi Elazar e ele prendia ladrões. Desde então, o rabi Josué bar Korha mandou dizer a ele: "Vinagre, filho de vinho, durante quanto tempo ainda entregarás à morte o povo do nosso Deus?" O rabi Elazar mandou-lhe a resposta: "Eu separo os espinhos do vinhedo." O outro replicou: "Deixa que o proprietário do vinhedo venha e separe ele próprio os espinhos."

Um dia, um lavador de roupas o encontrou e o chamou de "Vinagre, filho de vinho". Disse o rabi Elazar: "Insolente como é, provavelmente é um malfeitor." Deu ordem para que o prendessem. Depois de se acalmar, ia soltá-lo, mas isso não foi possível. Então, disse sobre o caso (Pr 21, 23): "Pôr um freio na boca e na língua é preservar-se de muitos sofrimentos." Quando se consumou o enforcamento, ele chorava junto ao patíbulo. Então disseram-lhe: "Mestre, acalma-te; em pleno dia do Grande Perdão, ele e o filho tiveram relações pecaminosas com a noiva de um outro." Pondo a mão sobre seu próprio corpo, ele disse: "Alegrai-vos, entranhas minhas, se aqueles que vos deixam em dúvida estão aí, onde estão, nisso, aqueles cujo caso não deixa dúvida alguma? Estou certo de que a canalha não terá poder sobre vós." Mas ele não se tranqüilizou com isso. Deram-lhe um sonífero etc.

Com o rabi Ismael, filho do rabi José, deu-se a mesma coisa. Um dia o profeta Elias o encontrou e lhe disse: "Até quando vais entregar à morte o povo do nosso Deus?" Respondeu Ismael: "Que posso fazer? É a ordem do rei." Elias lhe disse: "Teu pai fugiu para a Ásia, foge para a Lacedemônia."

JUDAÍSMO E REVOLUÇÃO

O texto.

Como sempre, ao começar minha aula de Talmude no Colóquio dos Intelectuais, temo a presença na sala de pessoas que o conheçam melhor do que eu — o que não é difícil, e me põe em estado de pecado mortal de aluno opinando diante do mestre. Neste ano pode-se temer, além de tudo, os contestadores do judaísmo. E como, evidentemente, essas pessoas não são as mesmas, isso deixa muita gente temerosa!

Não informei o título de minha aula. Talvez o título geral do Colóquio sirva melhor a meu objetivo: *Judaísmo e revolução*. O sentido que pretendo dar à conjunção que liga os dois substantivos do título surgirá durante o comentário. Comentário ou interpretação? Leitura do sentido no texto ou do texto no sentido? Obediência ou audácia? Segurança em marcha ou assumir riscos? De qualquer maneira, nem paráfrase nem paradoxo; nem filologia nem arbitrário. Estamos diante de um texto que não teríamos razão para classificar como medieval. A Idade Média tem um começo e um fim (395-1453). A Mishna foi redigida no fim do século II de nossa era. Nosso texto, então, é do fim da Antigüidade, e o fim da Antigüidade é um período venerável. Um dos eminentes filósofos de nosso tempo me garantiu um dia que, até o fim do século II da era vulgar,* todas as coisas foram pensadas. Restam os detalhes a explicar. A continuação de meu texto — a Guemara — é mais tardia; mas no início da Idade Média muitas belas tradições da Antigüidade permaneceriam vivas.

O operário que se contrata.

> Aquele que contrata operários e manda que eles comecem cedo e acabem tarde não poderia obrigá-los a isso, se começar cedo e acabar tarde não está de acordo com o costume local.
> Onde o costume exige que eles sejam alimentados, ele está obrigado a alimentá-los; onde se exige que lhes sirva sobremesa, deve servir-lhes sobremesa. Tudo tem de estar conforme com o costume do lugar.

---

*Era cristã. (N. do T.)

É evidente que, desde o início, a Mishna afirma os direitos da *outra pessoa*, ainda que essa pessoa se ache na situação inferior e perigosa para sua liberdade que é a do operário contratado. Situação perigosa para a liberdade, porque a pessoa corre o risco de perdê-la sem sofrer violência; ainda age voluntariamente, é certo, uma vez que é contratada e se mantém no comércio interpessoal de troca, mas o comércio está à beira da alienação, a liberdade se transforma livremente em não-liberdade. Nosso texto ensina que não se pode comprar tudo e não se pode vender tudo. A liberdade de negociação tem limites que se impõem em nome da própria liberdade. Pouco importa que os limites formulados aqui não sejam os que exigiriam o sindicalismo moderno. É o próprio princípio dos limites que conta, para maior glória da liberdade. É o espírito dentro do qual esses limites são fixados; eles dizem respeito às condições materiais da vida: o sono e a alimentação, sublime materialismo! A secretária que tinha datilografado a tradução da página que comento não se enganou. "Mas é um texto sindicalista!", espantou-se ela. Um texto sindicalista *avant la lettre*, certamente. A natureza dos limites impostos é fixada pelo costume e evolui com o costume. Mas o costume já é resistência ao arbitrário e à violência. Sua generalidade é tribal e um pouco infantil, mas é uma generalidade, matriz da universalidade e da Lei. Sublime materialismo, preocupado com a sobremesa. A comida não é o carburante necessário à máquina humana, a comida é refeição. Nenhuma eloqüência humanista deturpa esse texto que realmente defende o homem. Humanismo autêntico, humanismo materialista. Os corações se abrem com muita facilidade à classe operária; as carteiras, mais dificilmente. O que se abre com mais dificuldade são as portas de nossas próprias casas. No último mês de maio, acolhíamos os deserdados, de preferência, nas universidades.

Nosso velho texto afirma o direito da pessoa, como hoje o afirma o marxismo, o marxismo humanista[1] que continua a dizer que "o homem é o bem supremo para o homem" e que, "para que o homem seja o bem supremo para o homem, é preciso que seja verdadeiramente homem" e que se pergunte "como o homem, amigo do homem, pôde, em determinadas condições, fazer-se inimigo dele", e para que essa anomalia que se chama alienação se explique pela estrutura da economia, deve ser deixada a seu próprio determinismo. Nossa Mishna pretende também impor um limite ao arbitrário da economia e a essa alienação. Sublinhemos ainda um detalhe da situação em que se acha a Mishna aqui, característica do humanismo judeu: o homem cujos direitos devem ser defendidos é, em primeiro lugar, o outro homem, não é inicialmente o eu. Não é o conceito "homem" que está na base desse humanismo, é o outro.

Um direito infinito.

Um dia, o rabi João ben Matias disse ao filho: "Vá, contrate operários." O filho incluiu a alimentação entre as condições. Quando voltou, o pai disse: "Meu filho, mesmo que você lhes preparasse uma refeição igual à que o rei Salomão servia, não estaria quite com eles, porque estes são os descen-

---

[1]Cf. os artigos de Jean Lacroix e de Jacques d'Hondt na *Revue internationale de philosophie*, números 85-86, consagrados à crise do humanismo. Cf. as referências a Adam Schaff no artigo de Jean Lacroix.

dentes de Abraão, de Isac e de Jacó. Enquanto eles não começarem o trabalho, vá e especifique: vocês só poderão ter pão e legumes secos."

Eis as indicações sobre a extensão do direito do outro: é um direito praticamente infinito. Se eu dispusesse dos tesouros do rei Salomão, não chegaria a cumprir minhas obrigações. Claro, a Mishna impõe uma condição: trata-se do outro que desce de Abraão, de Isac e de Jacó. Tranqüilizemo-nos, não há nisso nenhuma idéia racista. Sei-o por um mestre eminente: cada vez que entra em questão Israel no Talmude, estamos livres, com certeza, para entender por Israel um grupo étnico particular que, provavelmente, na verdade terá cumprido um destino incomparável; mas se terá também estreitado a generalidade da idéia enunciada na passagem talmúdica, ter-se-á esquecido que Israel significa povo que recebeu a Lei e, em conseqüência, uma humanidade que atingiu plenitude de suas responsabilidades e de sua consciência de si. Os descendentes de Abraão, de Isac e de Jacó são a humanidade que não é mais infantil. Diante de uma humanidade consciente de si própria e que não tem mais necessidade de ser educada, nossos deveres não têm limites. Os operários pertencem a essa humanidade acabada, apesar da inferioridade de sua condição e da grosseria de sua profissão. Mas, coisa curiosa, a humanidade não se define, apesar disso, por seu proletariado. Como se toda alienação não fosse superada pela consciência que a classe operária pode tomar de sua condição de classe, e de sua luta; como se a consciência revolucionária não fosse suficiente para superar a alienação; como se a noção de Israel, povo da Torá, povo velho como o mundo e humanidade perseguida, trouxesse em si uma universalidade mais alta do que a de uma classe explorada e em luta; como se a violência da luta já fosse uma alienação.

Os descendentes de Abraão.

Que outra coisa pode significar descendência de Abraão? Lembremos a tradição bíblica e talmúdica relativa a Abraão. Pai dos crentes? Certamente. Mas sobretudo aquele que soube receber e alimentar homens; aquele cuja tenda era aberta aos quatro ventos. Por todas essas aberturas, ele observava os passantes para acolhê-los. A refeição oferecida por Abraão? Conhecemos principalmente uma: aquela que ele ofereceu aos três anjos. Sem suspeitar de sua condição de anjos, porque, para receber anjos dignamente, o próprio Harpagão se desdobraria! Abraão pode ter tomado os três passantes por três beduínos, três nômades do deserto de Neguev — três árabes, vejam só! Diantes deles Abraão corre. Chama-os "meus senhores". A descendência de Abraão: homens a quem o ancestral legou uma condição difícil de deveres e, na relação com o outro, nunca completada, uma ordem que nunca cumprimos totalmente, mas com a qual o dever toma antes de tudo a forma de obrigações a respeito do corpo, o dever de alimentar e de abrigar. Assim definida, a descendência de Abraão é de qualquer nação, todo homem verdadeiramente homem é, com muita probabilidade, da descendência de Abraão.

Por isso é que o rabi João ben Matias teme pelo contrato que parece deixar seu filho tão satisfeito: "Eu não poderia jamais cumprir com as obrigações que você estabeleceu. Mesmo oferecendo aos operários contratados as refeições do rei Salomão, eu não estaria quite com eles!"

O rei Salomão em sua magnificência — não é coisa que se despreze. A Bíblia conta como eram extraordinários os festins oferecidos pelo rei Salomão ao povo citando a quantidade de gado que para isso se matava.

O Talmude oferece mais (no texto que segue de perto esse que comentamos): os números da Bíblia dizem respeito à quantidade de vitualhas que cada uma das mulheres do rei preparava toda noite na esperança de recebê-lo para jantar. Salomão tinha trezentas mulheres legítimas e setecentas concubinas. Calculemos o orçamento que representa tal despesa de casa. Não seria suficiente para garantir a alimentação dos operários, descendentes de Abraão, que se contrata. A extensão das obrigações para com os homens plenamente homens não tem limites. Uma vez mais, lembremos a palavra do rabino lituano Israel Salanter: "As necessidades materiais de meu próximo são necessidades espirituais para mim."

Mas nosso texto traz uma preciosa alusão. Todo o esplendor do rei Salomão não seria suficiente para garantir a dignidade dos descendentes de Abraão. Há mais na família de Abraão do que nas promessas do Estado. Certamente é importante dar, mas tudo depende da maneira. Não é pelo Estado e pelo progresso político da humanidade que se satisfará a pessoa — o que não exclui o Estado, claro, das condições necessárias a essa satisfação. Mas a família de Abraão fixa as normas. A idéia vale o que vale. É sugerida pelo texto. Que os adoradores do Estado que proscrevem a sobrevivência do particularismo judeu não se aborreçam!

O contrato.

O que está claramente contido nas linhas comentadas é que tudo começa pelo direito do outro e por minha obrigação infinita em relação a ele. O humano está acima das forças humanas. A sociedade segundo as forças do homem não é senão a limitação desse direito e dessa obrigação. O contrato não põe fim à violência do outro, nem a uma ordem — ou a uma desordem — na qual o homem é o lobo do homem. Na floresta dos lobos, não se pode introduzir nenhuma lei. Mas onde o outro é, em princípio, infinito para mim, pode-se, numa certa medida — porém apenas numa certa medida —, limitar a extensão dos meus deveres. Trata-se, no contrato, de limitar meus deveres mais do que de defender meus direitos. Os descendentes de Abraão são capazes de entender essa necessidade e de se entender: estão maduros para um contrato. Por isso o pai disse ao filho: "Define imediatamente o infinito que entreabriste; pára e determina as condições. Apressa-te a fixar os termos do contrato antes que os operários trabalhem. Uma vez começado o trabalho, estarei endividado até o fim dos meus dias."

Vocês só poderão ter pão e legumes secos.

O cardápio parece austero: para nosso gosto, pelo menos. Comporta, entretanto, o princípio da variedade, a conjunção "e". Mais adiante, em verdade, a Guemara perguntará: "pão *e* legumes secos" ou "pão *de* legumes secos"? Em hebraico, basta suprimir uma única letra — o *vav* — para suprimir a conjunção, e estaremos diante da expressão "pão de legumes secos" (como o que comemos durante a guerra). A resposta dada é enérgica:

> "Por Deus, essa conjunção é necessária. Essa conjunção é tão importante aqui quanto é necessário o leme para navegar-se em um rio perigoso."

Sem ela, é a catástrofe. É preciso rigorosamente — mesmo quando um contrato limita o infinito de nossas obrigações — que a própria limitação tenha limites. Alimentar o outro é manter para a alimentação o caráter de refeição; não é jamais transformá-la no mínimo vital. É preciso, alimentando o outro, satisfazer, numa medida qualquer, seu capricho; senão, é o naufrágio.

O costume.

Terceiro parágrafo desta primeira parte da Mishna:

> O rabã Simão ben Gamaliel disse: "Nada havia a dizer, porque, em todas as coisas, o costume do lugar é que faz a regra."

O rabã Simão ben Gamaliel considera que os limites das obrigações são sempre demarcados pelo costume. Não contesta, parece, o infinito inicial da obrigação. Mas acha que só o costume — o empírico, a história e o consenso — fixa os limites e os limites da limitação; que o costume permanece um elemento não ultrapassado da coexistência humana; que a justiça nasce da natureza das coisas. A não ser que essa insistência sobre o costume ateste um tradicionalismo conservador e contra-revolucionário. A revolução, para além da violência e da ruptura de continuidade com as quais nos esforçamos para defini-la, não é a recusa à exegese — quer dizer, à renovação — dos costumes: não há vinhos novos nos velhos odres! Supressão de velhos odres e da crença em tolas mentiras! Destruamos os altares dos falsos deuses! Abaixo os bosquezinhos sagrados! Não os consagremos ao verdadeiro Deus. Expliquemos, com rigor, as causas dos costumes, mas afastemos desses perigos a humanidade. A intervenção de Rech Laquich, em seguida, assumirá assim seu sentido completo.

Abordemos agora a Guemara:

> Isso não é o óbvio?

Tudo aquilo que nos parece uma contribuição tão importante, na realidade, é óbvio, e para que serve então a legislação da Mishna? Não! Isso não é óbvio. Eis a situação que pode surgir:

> Para o caso em que o empregador pagasse um salário superior, poder-se-ia acreditar que ele tivesse dito aos operários: "Concordei em dar-lhes um salário mais elevado supondo que vocês começariam cedo e acabariam tarde."

Não se pode, na verdade, entender um aumento de salário que obrigue o operário a se levantar mais cedo e a se deitar mais tarde; o empregador faz-se de generoso e o que quer é conseguir um excedente de trabalho tomado dos lazeres do operário. Aquilo que a preocupação do humano recusa ao empregador que paga um preço normal não pode ser comprado se "não se olha o preço"? Não se pode, no mercado negro, comprar os lazeres dos trabalhadores? A Guemara pretenderia que o operário respondesse ao patrão que está sendo generoso por conseguir horas suplementares: "Certamente, o senhor me paga mais, mas é porque eu trabalho melhor. Quanto à qualidade do trabalho, estou pronto a discutir, mas nada de regatear com a minha condição humana, que se exprime, neste caso, por meu direito de me levantar e me deitar na hora habitual."

> Portanto, nosso texto nos ensina que eles (os operários) podem responder: "O senhor aumentou o salário para que nosso trabalho seja mais cuidadosamente executado."

A *revolução*.

Parece que não me atenho a meu assunto, ainda não falei muito de revolução; apenas uma palavra referente aos costumes! Qual é a relação entre esse trecho do Talmude e a revolução?
Não penso, ao contrário de muitos oradores que se expressam hoje, que se deva definir a revolução de um modo puramente formal, pela violência ou pela derrubada de uma certa ordem. Nem mesmo penso que será suficiente defini-la pelo espírito de sacrifício. Houve muito espírito de sacrifício nas fileiras daqueles que seguiram Hitler. É preciso definir a revolução por seu conteúdo, pelos valores: há revolução quando se liberta um homem, quer dizer, quando se quebra o determinismo econômico.
Afirmar que não se negocia o pessoal, que com ele não se regateia, é afirmar o limiar da revolução.

DO SAGRADO AO SANTO

O custo do transporte.

A intervenção de Rech Laquich, a que chegaremos agora, parece ater-se a um problema puramente prático: para o operário contratado, quem paga o transporte? Ou — o que vem a dar no mesmo —, o transporte do operário terá um preço que dependa dele mesmo ou esse preço deve depender do empregador?

> Rech Laquich diz: "O operário contratado, quando vai para sua casa, deve ser responsável pelo seu tempo; quando vai para o trabalho, o responsável pelo tempo é o empregador."

Para isso, certamente será preciso que o operário se levante com o sol. Mas ainda que já seja dia no momento em que está a caminho dos canteiros, e que um dia de trabalho se meça pela medida do dia, o tempo do transporte de ida está excluído disso; a volta não se dará senão ao cair da noite. O tempo da volta incumbe ao operário. Ao cair da noite, ele volta — cruel condição! Vá lá, estamos longe da jornada de oito horas, e ainda mais longe da semana de quarenta horas e do descanso remunerado. Mas o problema do tempo de transporte e a obrigação de incluí-lo na conta da jornada de trabalho já são atuais. Não são as cifras que estão em jogo, mas a existência de um ponto de limites não negociáveis. Aceitar-se-á, em rigor, o dado segundo o qual o direito sindical tem sua história e que, entre as primeiras afirmações quanto aos direitos inalienáveis do operário, está a desproletarização futura dos proletários.

Mas, Deus do céu, por que recorrer ao saltério para uma evidência tão natural? Não está nisso a prova da famosa esterilidade do método talmúdico que choca o homem moderno (o homem que sabe tudo), denunciando as associações de idéias produzidas à maneira de provas e de textos aproximados, mas permanecendo sem relação? E, depois, os salmos, que são poesia na qual a alma se manifesta a Deus, o que têm em comum com os problemas sindicais?

Oa salmos e a duração da jornada de trabalho.

Sempre me esforcei para compreender bem o que quer dizer exatamente "a expansão da alma em seu amor por Deus", mas, de qualquer modo, me pergunto se não há uma certa relação entre a fixação das horas de trabalho do operário e o amor de Deus — com ou sem expansão. Sou mesmo levado a crer que não há muitas outras maneiras de amar a Deus, que não há maneira mais urgente do que essa que consiste em fixar corretamente as horas de trabalho do operário. Um salmo não é, entretanto, um mau texto, para que nele se fundamente a justiça sobre o homem que pena. O salmo 104,* a par de ser um belo salmo poeticamente perfeito — você não me desmentirá quanto a isso, Memmi, você que é mestre no assunto! —, dá-nos a duração da jornada de trabalho em seus versículos 22 e 23:

> O sol começa a nascer, eles se retiram (eles, quer dizer, os "habitantes da floresta", os animais selvagens) e vão se encolher em seus covis; o homem se dirige a seu trabalho, cumpre sua jornada até o anoitecer.

---

*Corresponde ao salmo 103 nas traduções grega e latina da Bíblia, divergindo ambas da numeração da Bíblia hebraica a partir do salmo 10, porque aquelas traduções unificam os salmos 9 e 10. (*N. do T.*)

Rech Laquich tinha razão ao se referir ao salmo 104: no momento em que os animais se retiram porque a noite acaba, o homem se levanta com o sol e cumpre seu serviço até o anoitecer. O texto é preciso. O excelente mestre que me deu lições do Talmude me ensinou que convém, com muita circunspecção, fiar-se nas referências talmúdicas. Já tive ocasião de lembrá-lo aqui, sem jamais tentar persuadir. Esse mestre ensinava que, para além de tal ou qual versículo que, ora mais ora menos, fundamenta o dizer do doutor talmúdico, é por seu espírito — quer dizer, por seu contexto — que se chega à idéia que deve fundamentar seu tom exato. É preciso, portanto, ler o salmo 104 aquém e além dos versículos 22 e 23. Ora, o salmo 104 é o salmo que glorifica o Eterno, mas que o glorifica de um modo pouco comum. Que a criatura glorifica seu criador é certamente uma velha idéia piedosa. Na realidade, vê-se a criatura glorificando o Eterno principalmente quando só se vê uma parte dele. Quando se vai à beira do mar ou à montanha e se tem tempo para contemplar o céu estrelado. Quando não se está em férias ou quando não se tem condições de pagar as férias, a criatura glorifica o Criador muito menos. Ora, o salmo 104 é um salmo da harmonia profunda que reinaria na criatura — tanto durante as férias como durante os meses e os dias úteis. É o salmo do mundo acabado: "Que o Eterno abençoe minha alma! Eterno, Deus meu, és infinitamente grande. Estás vestido de esplendor e de majestade. Tu te envolves de luz como se fosse um manto, estendes o céu como se fosse uma tapeçaria etc. Fundaste a terra sobre tuas colunas de sustentação para que ela sempre estivesse firme. E a cobriste de ondas, como uma veste; sobre as montanhas, as águas estavam paradas... Fixaste para elas barreiras intransponíveis, para impedir que elas fizessem a terra submergir de novo... Fazes crescer a erva etc."

O trabalho.

É no fim que vem a passagem sobre as feras que se recolhem a seus abrigos. Chegado o dia, nada mais há de selvagem. É possível a vida integralmente humana: começa o trabalho. O trabalho não se liga, neste salmo, à infelicidade, à maldição, à falta de sentido. O salmo parece situar o trabalho dos homens entre os êxitos da criação. Na referência de Rech Laquich ao salmo 104, para além do problema técnico da duração da jornada de trabalho e do qual antes de mais nada tiramos um princípio, enuncia-se uma tese sobre o sentido do trabalho humano e, desse modo, sobre a razão e a dignidade do operário: os direitos do trabalhador prendem-se a sua função na economia geral da criação, a seu papel ontológico.

Os direitos e a dignidade do homem ligam-se a sua condição de trabalhador. O trabalho pertence à ordem da luz e da razão. O tempo do trabalho, tal como o viu Rech Laquich, não é o tempo da frustração e da alienação, não é o tempo maldito. Num mundo em que o trabalho aparecia como marca de servidão, reservado ao escravo, Rech Laquich tende a vê-lo como toque final da criação.

Mas então Rech Laquich não teria o amor sagrado da revolução, não vendo, em sua leitura beata do salmo 104, como a infelicidade pode entrar no mundo pelo trabalho. Nosso salmo não tem, decididamente, nenhum pressentimento da dialética e afirma, em resumo, que o mundo é o melhor possível. Penso que o Talmude tem as mesmas inquietudes que nós. Veremos a seguir outra leitura do salmo 104. Voltaremos a esse salmo depois de uma digressão que nos provará (se ainda há necessidade de provas para ter certeza disso) que o Talmude não é uma simples compilação — ainda que pensem assim alguns espíritos entretanto esclarecidos — de lembranças folclóricas segundo uma ordem contingente, mas que há um movimento interior nesse texto, que sua disposição é comandada por significações, e que essa disposição é significativa. Voltarei a ele breve.

Mas se o Talmude vai retomar o salmo para lê-lo de outra forma, não devemos abandonar levianamente a posição de Rech Laquich. Talvez ele não seja totalmente cego sobre as imperfeições da criatura; talvez as condições do operário pareçam-lhe desumanas, mas talvez ele pense, apesar de tudo, que o homem que trabalha é a única esperança da terra, e que o porvir que ele prepara salvará a miséria de uma condição miserável. Autênticos revolucionários sempre têm rejeitado a dialética implícita na condição dos explorados e anulado o tempo necessário a seu movimento? Rech Laquich, que busca fundamentar a duração do trabalho num versículo do salmo, fundamenta, assim, o direito do trabalhador na própria ordem da criação. Sem dúvida ele ainda considera que o próprio texto bíblico está de acordo com a natureza racional (uma vez que criada) das coisas e com o direito natural ou racional. Ou pelo menos pensa que o direito natural, ligado ao trabalhador e consagrado pela Torá, garante melhor do que o costume os direitos da pessoa. Talvez ele seja revolucionário denunciando o costume no sentido mais alto em que o situamos. Desse modo, não nos espantaria o que se segue:

Mas não se deve observar o costume?

A Guemara pergunta: "Por que Rech Laquich considera necessário tirar de um texto bíblico uma lei que foi formulada com clareza pelos tanaítas em nossa Mishna, 'tudo se conforma ao costume do lugar'?"

As cidades novas e a Torá.

Para Rech Laquich, o costume, de um modo geral, não é uma regra suficiente. Não que queira uma justiça abstrata, sem tradições nem costumes. Mas a ele não falta imaginação para entrever uma sociedade sem costumes, a sociedade dita desumana que se constitui, por exemplo, nas cidades-cogumelos de nosso mundo industrial. Esses homens do início da Idade Média já concebiam cidades americanas! Tudo foi pensado. Os limites de seu horizonte concreto não os impediram de viver num horizonte intelectual sem limites e de entrever, como uma coisa importante, a possibilidade de uma sociedade não ter tradições:

> Trata-se de uma cidade nova.

Mas, se é uma cidade nova, não vêm seus habitantes de algum lugar? Claro, mas de toda parte. Desde o início se teve a idéia de uma cidade americana ou industrial.

> Não se deveria verificar de onde vêm? Trata-se de uma população de origens diversas.

Cidades surgem do nada, não têm passado e as populações vindas de toda parte nelas estão de tal forma misturadas e os indivíduos de tal forma dispersos, que todas as tradições estão perdidas. Há seres sem história. Será que o fato de não mais ter história não transforma os humanos em seres inferiores? O fato de não poder reclamar para si a grande ascendência de Abraão, de Isac e de Jacó — ou, para falar sem símbolo, o fato de não pertencer a uma humanidade consciente de sua história, organizada e estruturada — exclui os direitos do homem? Libertemos a humanidade dos tradicionalismos. Não tentemos mais salvá-la pelas virtudes patriarcais do grupo. Rech Laquich quer a lei da Torá independente dos lugares e dos tempos: uma lei eterna ligada à pessoa como tal, mesmo em seu isolamento individualista. A sociedade moderna não depende da história nem de seus aluviões. Ela reencontra sua ordem a partir da dignidade humana. Fixa-se em função da pessoa. Abaixo os costumes e os mitos, todos esses conhecimentos do primeiro gênero de Espinosa, todos esses instrumentos de servidão!

E o parágrafo seguinte — esse parágrafo pequenininho — define bem: mesmo para aqueles que têm uma história e uma tradição, pode-se aplicar só a lei da Torá. Rech Laquich não procurou, no salmo 104, uma lei para a duração da jornada de trabalho daqueles que não têm tradição, para o individualismo da sociedade industrial, achou que sempre é possível contratar operários fora dos costumes segundo a única Lei da Torá.

> E, se queres, pode-se dizer: é para o caso em que ele lhes disse que os contrataria segundo a Lei da Torá.

Segundo a lei justa, sem mais nada, sem se ocupar do costume local. Não é a longa tradição histórica que conta, o que conta é o caráter individual das pessoas.

Outra leitura do salmo 104.

Voltemos agora ao salmo que, em seguida, surge para nós como que a fazer a economia de uma revolução situando a lei do trabalho sob a Lei do mundo criado por Deus. Eis o rav Zera, que lê o salmo 104.

> O rav Zera ensinava (outros dizem que foi Rav José): "Está escrito: 'Tu trazes as trevas e é a noite (Sl 104, 20), *é este mundo comparável à noite*, a noite em que circulam todos os habitantes da floresta (Sl 104, 22), *são os malfeitores neste mundo, comparáveis aos brutos da floresta'*."

O texto, que logo parece tão harmonioso, tão *uno* em seu sentido, a ponto de excluir a necessidade de perturbação, surge para o rav Zera sob uma luz mais ambígua. A noite das feras seria um modo de existência humano. O mal está no humano. A criação não é desde logo uma ordem. É preciso que a noite termine, que a ordem substitua a noite. É preciso que o mal seja suprimido, que tenha seu inferno e que o justo receba sua recompensa.

> "O sol começa a nascer, eles se retiram e vão se encolher em seus covis" — quando o sol se levanta para os justos, os malfeitores se retiram para o inferno; ou, caso se queira ler assim, "se encolhem em suas casas." Tratar-se-ia de justos — não é justo quem não tem sua residência — quem não tem residência correspondente à sua dignidade. "O homem se dirige a seu trabalho" — os justos vão receber sua recompensa. "Aquele que cumpre sua jornada até o anoitecer" — aquele que sabe levar sua tarefa até o anoitecer.

A dialética em que o mal presta serviço ao bem, em que o bem pode *objetivamente* ser uma força do mal, é confusão e noite. É preciso uma revolução que dissipe essa confusão: é preciso que o bem seja o bem e o mal, o mal. Não é essa a verdadeira definição do ideal revolucionário? Certamente, nosso texto o diz em uma linguagem piedosa. O que, ao fim de tudo, é um modo de dizer que não pode — a não ser que seja superstição — englobar, simbolizando, ou até sublimando, o que é sensato e é um pensamento verdadeiro já em ruptura com a opinião.

Coisa curiosa, a imagem do dia que se levanta está combinada com precisões que prenderam — e não se trata de efeito do acaso — a atenção dos doutores. O fim da noite não é apresentado como uma época em que reinará o amor universal e em que os justos passarão seu tempo a contemplar a harmonia das esferas. Dizem-nos que os justos terão cada um sua residência. A condição proletária, a alienação do homem, não é, antes de tudo, o fato de não ter residência? Não ter onde morar, não ter interior, é não se comunicar verdadeiramente com o outro, e assim, ser um estranho para si e para o outro. O que aqui é anunciado como o triunfo do justo é — depois do mundo da noite, depois da existência sob ameaça permanente, depois da existência de feras que não são apenas ameaçadoras, mas também estão ameaçadas, depois do medo e da angústia — a possibilidade de uma sociedade em que cada um tenha sua residência, volte para sua casa e para si, e veja o rosto do outro. Segunda precisão que, ela também, não se deve ao acaso: o rav Zera tira "receber seu salário" da parte do versículo que diz: "O homem se dirige a seu trabalho", como se o próprio trabalho fosse salário, como se o trabalho não fosse maldito, mas fosse livre — e eis um tema que reencontramos aqui e ali no Talmude. A recompensa do justo está contida em seu próprio trabalho, simultaneamente com a idéia geral da possibilidade de achar sua recompensa na participação na ordem divina; uma recompensa à virtude, na própria virtude, e, inversamente, o trabalho por vocação, como o do artista.

"E é justo aquele que cumpre sua jornada de trabalho até o anoitecer (Sl 104, 23): aquele que soube levar sua tarefa até o anoitecer."

A perseverança do justo em sua justiça — apesar de todos os desmentidos de que a idéia fixa da justiça se opõe ao mundo antigo, como ao mundo moderno. A idéia religiosa ainda! Nenhuma idéia religiosa está proscrita pelo comentário que faço e que pretende conseguir uma significação, una e inumerável, tal qual outra tomada isoladamente. "Aquele que soube levar sua tarefa até o anoitecer" — aquele que acreditou em um mundo melhor, na eficácia do bem, apesar do ceticismo dos homens e apesar das lições da história, aquele que não desesperou, que não foi ao cabaré se livrar das responsabilidades do serviço de ser homem (não incluo a palavra cabaré aqui por acaso). Aquele que não procurou nem distração nem suicídio, que não fugiu da tensão na qual vive como responsável, o único que merece, talvez, mais adequadamente, o nome de revolucionário. Se você tiver paciência para me escutar até o fim, verá que a continuação do texto se opõe à idéia de que a existência é um jogo, no sentido absoluto do termo, contrariamente às tendências metafísicas que hoje prevalecem, segundo as quais o ser é jogo, segundo as quais a liberdade não é bastante livre, uma vez que traz responsabilidades. Aqui, ao contrário, pensa-se que o ser implica extrema gravidade, que a responsabilidade decorrente da liberdade não é bastante grave, que somos responsáveis para além de nossos compromissos. Nesse sentido é preciso levar a tarefa até o anoitecer.

DO SAGRADO AO SANTO

As fontes do Mal.

O problema da defesa do homem, da realização da ordem em que o homem será defendido, da revolução, nos leva de volta ao problema central: como a ordem humana é corroída pelo Mal? Isso começa por uma historieta: "Um dia, o rabi Elazar, filho do rabi Simão, encontrou um funcionário encarregado de deter ladrões." O rabi Simão, pai do rabi Elazar de que se fala aqui, é o célebre rabi Simão bar Iochai, que ocupa um lugar à parte entre os tanaítas; ele passou treze anos com seu filho em uma caverna escondendo-se dos romanos, e a tradição mística de Israel lhe atribui o Zohar. Esses dados são importantes. Logo veremos seu filho, rabi Elazar, como antípoda do misticismo, muito dotado para a polícia ou para a política (a não ser que se venha a saber de outra coisa). Tirar-se-á, de qualquer forma, desta historinha sobre o rabi Elazar, a conclusão de que toda passagem que comentamos tem a ver com o problema da colaboração com os romanos. O que caracteriza os grandes textos não é surgir fora da história, mas significar algo além da situação que os suscitou. Será certo que, em nosso tema de hoje, judaísmo e revolução, haverá algo além da colaboração com os romanos? O texto — ainda que engendrado para o caso de colaboração — desemboca sobre um problema completo da relação entre a política e o mal, da política com o mal, quer dizer, sobre um aspecto essencial do problema da revolução. Porque a revolução não destrói o Estado, ela é a favor de um outro regime político, mas deve haver um regime político. Então:

> Um dia, o rabi Elazar ben Simão encontrou um funcionário encarregado de prender ladrões. Disse a ele: "Como você pode vencer a resistência deles? Eles não são como os brutos?"

Como sabia o rabi Elazar ben Simão que os ladrões são como os brutos? Para um doutor do Talmude, esse não é um dado da luz natural:

> "Porque está dito: nela (na noite) circulam todos os habitantes da noite."

É ainda nosso salmo 104 que volta à cena. Em que ele é esclarecedor? Os que circulam à noite se escondem de dia: esses são os homens que não se mostram. O mal — ou a animalidade — é a não-comunicação, é ser absolutamente fechado em si a ponto de não aparecer para si mesmo.

> Mas, segundo outros, ele terá interpretado um outro versículo (Sl 10, 9): "Como o leão no cerrado, ele prepara secretas emboscadas."

Que importa isso? Esse versículo ou um outro. Os textos bíblicos não são redundantes em sua piedade? Atenção! A segunda citação é tirada do salmo 10. É preciso ver de perto o que quer o salmo 10. Os talmudistas, à busca de citações, não caminharam no sentido da concordância para aí procurar as indicações sobre todas as passagens nas quais, na Bíblia, o assunto são as feras. Têm eles um admirável conhecimento do texto e de seus matizes. Divertem-se fazendo-se passar por simples de espírito, mas conhecem perfeitamente os textos e suas questões; sem brilho aparente, sabem pensar rápido e através de alusões para estar de acordo entre si, entre pessoas absolutamente inteligentes. No Talmude — que os judeus se permitem contestar sempre querendo ser judeus —, estão ligadas todas as articulações, todos os nós do pensamento judeu.

O salmo 10, no qual o rabi Elazar, filho do rabi Simão, teria achado uma citação tão profunda como aquela do versículo tirado do salmo 104, está em oposição com o salmo 104. É um salmo sobre a ausência de Deus. Enquanto tudo no salmo 104 canta o louvor do Criador e sua presença em plena luz na criatura, o salmo 10 diz: "Por que, ó Eterno, te manténs afastado? Tu te ocultas no dia da aflição? Em sua arrogância, o malvado persegue o pobre neste mundo." Trata-se de pobres, e não de animais da floresta... Ora, Deus se oculta, não temendo o escândalo da não-assistência a uma pessoa em perigo. "O malvado, em seu orgulho, persegue os infelizes — estes são vítimas de tramas por ele concebidas... O malvado se glorifica de suas paixões, o espoliador afronta, ofende, ultraja o Eterno; com seu caráter altivo, o malvado não se inquieta por nada, ele não é absolutamente de Deus. Eis o fundo de seus pensamentos, seus caminhos são prósperos em todo tempo, os julgamentos vindos de ti passam por cima de sua cabeça; todos os seus adversários são derrubados num sopro. Em seu coração, diz ele: não vacilarei jamais, em tempo algum, estou sempre defendido da adversidade; sua boca está cheia de perjúrios etc."

> E lá também, "é como o leão na floresta, prepara secretas emboscadas para apoderar-se do pobre; apodera-se do pobre atraindo-o para sua rede...".

Polícia e revolução.

Se a primeira citação podia deixar pairar uma dúvida sobre o problema do rabi Elazar, a referência ao salmo 10 nos revela todo o sentido. É incontestável que a ação contra o Mal se impõe. E logo veremos que essa violência assume todas as aparências de uma ação política. Mas que essa ação deve buscar a natureza e a causa última do mal — compreender a razão da ausência e do silêncio de Deus, ou o sentido dessa ausência —, isso não é menos evidente. O rabi Elazar, filho do rabi Simão, reencontrando o funcionário encarregado de deter os ladrões, não se pergunta então apenas por quais sinais exteriores se reconhece um ladrão, mas em que consiste o mal. De onde vem, como se dá que o mal corrompa a sociedade? Como se dá que Deus se ausente do mundo? E pondo, parece, em questão a política erigida como absoluta: como você pode agir politicamente ignorando a natureza do Mal, negligenciando sua razão metafísica e espiritual? Para além da análise da situação imediata que você cria, qual é a fonte do mal e da justiça? Aí está a diferença entre a ação de polícia a serviço do Estado estabelecido e a ação revolucionária. Não basta ser contra, é preciso estar a serviço de uma causa. Penso que a ação revolucionária não se reconhece no caráter maciço das manifestações vitoriosas nas ruas. Os fascistas as conheceram cada vez mais. A ação revolucionária é preliminarmente a do homem isolado que prepara a revolução no perigo, mas também no esfacelamento da consciência que se arrisca a tornar a revolução impossível: porque não se trata só de agarrar o malfeitor, mas de fazer com que o inocente não sofra. Também nisso reside, para o pensamento judeu, a diferença entre a polícia e a política revolucionária:

— E se você prender um justo e deixar o malfeitor partir?

DO SAGRADO AO SANTO

O oficial de polícia — penso que o rabi Elazar, filho do rabi Simão, freqüentava os oficiais de polícia, e não os simples agentes — lhe disse:

— Que posso fazer? É a ordem do rei.

O oficial de polícia não tem tempo de se perguntar onde está o bem e onde está o mal; faz parte do poder constituído... Faz parte do Estado, que lhe confiou funções. Não cuida de metafísica, trata de ser polícia. Não vê como seja possível servir ao mesmo tempo o Estado e o Absoluto. Há no Talmude uma incompatibilidade entre o desejo do Absoluto e a política revolucionária? É possível conciliá-las ficando na categoria do pensamento político não-judeu? O judaísmo é compatível com uma ação revolucionária pensada em termos da política, tal como nasceu do Estado greco-romano?

Então, o rabi Elazar ben Simão recomeçou: "Venha, vou ensinar-lhe como proceder. Vá por volta das quatro horas (segundo o cálculo do Talmude, isso indica dez horas da manhã) ao cabaré (eis que o café de que eu falava acima reaparece). Se você vir um bebedor de vinho segurando um copo na mão e esteja cochilando, informe-se! Se for um sábio, é porque ele se levantou cedo para estudar; se for um operário diarista, é porque ele foi cedo para o trabalho; se for um trabalhador noturno, ele pode ter fabricado agulhas (os trabalhadores noturnos já existiam, seu trabalho consistia em fabricar agulhas), não trabalha durante o dia, mas trabalhou a noite toda; mas, se não for nenhum desses, é um ladrão, e você pode prendê-lo." Quando isso chegou aos ouvidos do rei, foi dito: "O leitor da mensagem pode servir de mensageiro." Procurou-se o rabi Elazar. E esse prendia ladrões.

Que se passou? Ficou-se fascinado na corte do rei por aquilo que se tomou como a sabedoria política do rabi Elazar. A doutrina dele é maravilhosa, e é preciso que ele a aplique. Interpretar corretamente a mensagem é aplicá-la, claro. Desconfiemos dos mensageiros de mensagens inaplicáveis ou de mensagens "para os outros".

O *cabaré*.

Não duvido que o rabi Elazar tenha sido um homem hábil. Acho, porém, sua sabedoria policial um pouco curta: "Vá ao cabaré e prenda, a consciência tranqüila, os que lá bebem, se não são intelectuais, nem operários, nem trabalhadores noturnos..." Por muito tempo me perguntei o que isso queria dizer. De antemão, a presciência das buscas policiais empreendidas nos bares de nossas modernas capitais. Em si, isso seria pouco. Muito bem, acho que tudo isso significa de saída que o rabi Elazar aceita a luta com o mal no terreno do Estado, no sentido romano do termo, e a ação revolucionária como ação política. Mas o rabi Elazar nos indica a fonte do mal que vai combater. Isso pode ser entendido de duas maneiras. É possível que ele tenha pensado que aquele que não trabalha com as mãos e que não estuda é a fonte do mal. Todos os ociosos e todos os inúteis. Suponho que os escritores estão compreendidos entre os que estudam... Todos os não-trabalhadores são o mal. Os parasitas são ladrões, no sentido amplo do termo. O homem tem de construir o universo: constrói-se o universo pelo trabalho e pelo estudo. Todo o resto é distração. A distração é o mal.

Penso também numa outra interpretação possível de nosso texto. As duas se encontram, de resto. O rabi Elazar descobriu que a fonte do mal se acha na própria instituição do cabaré. O cabaré, ou o café, tornou-se parte integrante e essencial da vida moderna, que é talvez "vida aberta", sobretudo por esse aspecto! Uma cidade desconhecida a que chegarmos, e que não tenha cafés, nos parecerá fechada. O café é a casa aberta, no mesmo nível da rua, lugar de convivência fácil, sem responsabilidade recíproca. Entra-se sem necessidade. Senta-se sem estar cansado, bebe-se sem sede. A fim de não ficar no quarto. É sabido que todas as infelicidades vêm de nossa incapacidade de ficarmos sozinhos em nossos quartos. O café não é um lugar, é um não-lugar para uma não-sociedade, para uma sociedade sem solidariedade, sem amanhã, sem compromisso, sem interesses comuns, sociedade do jogo. O café, casa de jogos, é o ponto através do qual o jogo penetra na vida e a dissolve. Sociedade sem ontem e sem amanhã, sem responsabilidade, sem seriedade — distração, dissolução.

No cinema, propõe-se um tema comum na tela, no teatro, sobre o palco; no café, não há tema. Está-se lá, cada um em sua pequena mesa, com sua xícara ou seu copo, relaxa-se de modo absoluto, a ponto de não se ter obrigação alguma com ninguém e com nada; e é porque se pode ir ao café relaxar que é possível suportar os horrores e as injustiças de um mundo sem alma. O mundo como jogo do qual cada um pode tirar o corpo fora e existir apenas para si, lugar do esquecimento — do esquecimento do outro —, eis o café. E nos aproximamos de nossa primeira interpretação: não construir o mundo é destruí-lo.

Não faço a guerra no café da esquina — e não quero levantar contra mim todos os donos de botequim de Paris. Mas o café não é mais do que a realização de uma forma de vida, procede de uma categoria ontológica, e foi essa categoria que o rabi Elazar, filho do rabi Simão, entreviu nas tavernas primitivas de sua época: categoria essencial ao ser ocidental, talvez oriental também, mas recusado pelo ser judeu.

É preciso ir mais rápido agora. Ainda tenho pontos muito difíceis a comentar no texto que vocês têm sob os olhos.

> Procurou-se o rabi Elazar — e ele prendia os ladrões.

A serviço do Estado.

Eis o rabi Elazar encantado pela luta contra os malfeitores. Ele "colabora com os romanos". E os leitores, impacientes de conferir ao Talmude um certo valor documental, útil ao historiador — para dele tirar tanto mais facilmente toda significação doutrinal —, acharão nas linhas que se seguem o traço de um desacordo entre a sociedade judia tradicional e aqueles que achavam possível a participação dos judeus na vida de um Estado — desse Estado por excelência que foi a Roma imperial. É, entretanto, evidente que, mesmo numa tal interpretação, nunca é possível, no contato com o Talmude, ignorar a existência de um problema de doutrina subjacente: o "colaborador" não é um renegado vulgar, mas o próprio filho do rabi Simão bar Iochai! Talvez toda a acuidade de nosso dilema atual — servir ao ideal por uma ação cuidadosa de conservar os quadros do judaísmo, ou situar-se deliberadamente no quadro político comum aos homens que nos rodeiam — já tenha sido apresentada em nosso texto. Apresentada e discutida. Já foram vistas as contradições que perturbam uma ação que, para combater o mal, adota o caminho da política, o serviço do rei. E o ato revolucionário, que pode ir até a derrubada de um tal rei, compete ao serviço do rei — acho que ninguém duvida disso! Eis o que justifica talvez que os doutores do século V de nossa era, que vêem a Guemara por escrito, tenham julgado útil relatar a troca de expressões que aqui está entre o rabi Elazar, filho do rabi Simão, e o rabi Josué bar Korha:

> O rabi Josué bar Korha fez com que ele dissesse: "Vinagre, filho de vinho, durante quanto tempo ainda entregarás à morte o povo do nosso Deus?"

Vinagre, filho de vinho! Tipo degenerado! És a decadência do judaísmo! Teu pai era vinho. Em ti, esse vinho se tornou vinagre. Eis-te a serviço da política e, em conseqüência, sujeito a participar da obra da baixa polícia! Chegas ao ponto de entregar judeus ao poder!

Política e violência.

Chegar ao ponto de entregar judeus é certamente o cúmulo da ignomínia! Que as boas almas sosseguem diante dessas expressões de um particularismo ou de um racismo tão pequeno-burguês. Essas expressões não significam entrar em juízos de valor que decidem entre o bem e o mal na medida em que é "bom ou mau para os judeus" — pensamento vulgar entretanto mantido orgulhosamente, *mutatis mutandis*, pelos homens políticos de todas as nações que fazem da utilidade nacional sua lei e sua moral suprema. Mas aqueles que, há alguns meses, gritavam nas ruas de Paris "somos todos judeus alemães" não podem, apesar disso, ser tidos como culpados de mesquinharia pequeno-burguesa. Judeus alemães em 1933, estrangeiros no curso da história e do mundo, judeus simplesmente, isso significa o que há de mais frágil, de mais perseguido no mundo. Mais perseguido do que o próprio proletariado — que é explorado, mas não perseguido. Raça maldita, não por seus genes, mas por seu destino de infelicidade, e provavelmente por seus livros que chamam a infelicidade para aqueles que lhes são fiéis e que os transmitem fora de todo cromossomo. Povo de nosso Deus, nesse sentido preciso. É desse povo que o rabi Josué bar Kohra falou ao rabi Elazar ben Simão: uma ação política, revolucionária que seja, não se volta contra o povo de Deus, contra o perseguido, contra a não-violência que por seus votos ele invoca e para a qual a revolução é atraída, contra a não-violência que sozinha pode pôr fim a toda perseguição? Responde o rabi Elazar:

— Separa os espinhos do vinhedo.

Replica o rabi Josué bar Korha:

— Deixe vir o proprietário do vinhedo, e que ele próprio separe os espinhos.

Isso pode significar muitas coisas. Não cabe a você, em nome da política universal — em nome do rei — transigir com as leis morais: o acordo entre o destino judeu e o destino do mundo não dispensa os projetos humanos. O homem integralmente homem não tem de se ocupar com política, deve se ocupar com moral. Vinhedo — Israel. Há sempre entre os profetas a comparação de Israel com o vinhedo. O vinhedo de Israel é para seu mestre verdadeiro e único — o Eterno. Que o Eterno resolva o conflito entre a moral e a política. Essa interpretação da resignação religiosa é não-revolucionária. De resto, não incumbe a nós punir nosso próximo, Deus se encarregará disso. Levado às últimas conseqüências, isso quererá dizer também: não cabe a nós construir Israel, esperemos o Messias. A menos que o texto nos leve, ao contrário, a nos pôr em guarda contra a confusão em que vivemos e na qual o judaísmo se mede por seu acordo com o progressismo, como se ele não significasse uma ordem autônoma e absoluta em relação à qual todo o resto deve ser medido.

Mas ainda se pode ver o texto de um outro modo. Refiro-me a um comentador que fez a seguinte aproximação, sem dela tirar a idéia que lhes proponho (a menos que a aproximação tenha significado para ele essa idéia sobre a qual não via mais nenhuma necessidade de insistir expressamente): "Vinagre, filho de vinho" — mau sujeito! A vinha produz vinho, em ti esse vinho se transformou em vinagre! Foste traidor associando à atividade política do romano a vinha do Senhor que é Israel. Daí o sentido da resposta do rabi Elazar: "Se o vinho se transformou em vinagre é que a vinha não é tão excelente como se pensa!" É preciso roçar os espinheiros que a estragam. Se sou violento, é que a violência é necessária para frear a violência. O rabi Elazar teria sido revolucionário até o fim; a violência não o atemoriza. A corrupção da vinha produziu a violência que, pela violência, o rabi Elazar vai cortar. Ele limpará a sociedade. A ferro e fogo; mas, então, só terá parreiras que fornecerão um vinho que nunca se transforme em vinagre.

Para além do problema social.

A resposta do rabi Josué bar Kohra conserva, já se vê, todo seu sentido: "Deixa vir o proprietário do vinhedo, que ele próprio o limpe dos espinheiros." Não é em termos políticos e com a única alternativa da direita e da esquerda que o mal deve ser tratado segundo o judaísmo e que o próprio judaísmo deve ser julgado. Reconhecendo no judaísmo, como em certas aspirações da esquerda, um defensor da pessoa humana — cujos direitos sagrados se afirmam desde as primeiras linhas de nosso texto, podendo aceitar que, em circunstâncias extraordinárias, impõe-se uma ação violenta, ou uma revolução —, não se saberia identificar o destino do judaísmo com o destino do proletariado. A causa judia não é unicamente uma causa social. A perseguição antijudaica não visa a uma outra coisa, um não sei quê diferente? Alguém disse aqui — a fórmula me agradou muito —, judaísmo ou responsabilidade quanto ao universo inteiro e, em conseqüência, judaísmo universalmente perseguido. Carregar a responsabilidade de tudo e de todos é ser responsável à força. Ser responsável à força é ser perseguido. Só o perseguido responde por todos, mesmo por seu perseguidor. A responsabilidade última só pode ser a realidade de um homem absolutamente perseguido, sem ter direito à palavra para se libertar de sua responsabilidade. Somos um vinhedo mais complicado do que um pedaço de terra que se explora; apenas seu proprietário — sublime particularismo! — está em condições de separar os espinheiros. Na aceitação pelo rabi Elazar da ação política que inclui a revolução, o rabi Josué bar Korha viu um perigo: a morte do judaísmo, não porque ele é uma sobrevivência, mas porque ele está a serviço de valores mais antigos, mais delicados do que aqueles que o socialismo determina, porque sua resistência, e até sua paciência, também estão a ponto de se romper. Que valores? Isso não está no texto que comento. Meu texto afirma, para além de todas as finalidades políticas, um ideal obscuramente sentido, que impede a assimilação pura e simples e que expõe à perseguição na qual talvez se ateste o reconhecimento obscuro como nenhum outro dessa irredutibilidade. Povo de Deus, nesse sentido. Como se, para além da alienação social e econômica, houvesse aí uma outra alienação que espreita o homem, como se o único proprietário desse jardim secreto pudesse fazer aquele não sei quê a mais que desaliena definitivamente, para além de toda desalienação política. Uma carta que lerei agora testemunha, penso, que os não-judeus podem sentir assim o particularismo judeu, e aumenta a agudeza dessa tensão entre o judaísmo e a universalidade, e confere ao judaísmo, se assim se pode dizer, uma significação para além da universalidade.

Uma carta.

O autor desta carta ocupa um lugar eminente no mundo literário francês de hoje, se de um homem como ele se pode dizer, sem chocá-lo, que ocupa um lugar, por tudo o que a própria idéia de lugar ocupado — e tratar-se-ia talvez de pura metáfora — evoca de burguesia e de conforto. Não lhes direi seu nome. Dos acontecimentos de maio ele participou de maneira total, mas lúcida. Mais do que isso, ele se envolveu perigosamente para além do mês de maio. E de repente se retirou bruscamente. Numa carta inesperada para mim, fez questão de explicar os motivos.

Separou-se de seus amigos revolucionários quando eles optaram contra Israel. Eis o fim de sua carta:

"Não, eu sempre disse que esse era o limite que eu não ultrapassaria, mas agora eu quereria por um instante me interrogar... me perguntar por que esses jovens que agem com violência, mas também com generosidade, acreditaram ter de fazer tal escolha, caíram na irreflexão, no uso de conceitos vazios (imperialismo, colonização) e também no sentimento de que são os palestinos os mais fracos e que é preciso estar do lado dos fracos (como se Israel não fosse extremamente, terrivelmente vulnerável)." (Os dois Israéis, acho: o Sr. Israel e o Estado de Israel, porque Israel é a própria vulnerabilidade.)

"Mas há, a meu ver, uma outra razão: é que entre alguns deles há anti-semitismo, ainda que latente, mas não há nenhuma idéia do que é e foi o anti-semitismo.

"Não é, portanto, verdadeiro que o anti-sionismo seja o anti-semitismo de hoje; é que o próprio sentido de Israel, no que tem de mais manifesto, escapa-lhes de modo total. Acho isso grave, é como se Israel fosse posto em perigo pela ignorância — sim, uma ignorância talvez inocente, mas desde sempre pesadamente responsável e privada de inocência —, posto em perigo por aqueles que querem exterminar o judeu porque judeu, e por aqueles que ignoram em absoluto o que é ser judeu. O anti-semitismo teria portanto, desde então, por aliados aqueles que são como que imunes ao anti-semitismo.

"Não é um estranho retorno, e que prova que a ausência de anti-semitismo não basta?"

DO SAGRADO AO SANTO

Política em dúvida.

O rabi Elazar não conhecia essa tensão aguda entre a ação política e a existência judaica, ou pelo menos a impossibilidade de compreender o judaísmo em função de uma filosofia política? É certo que o rabi Elazar entra a serviço do rei, que se reconhece entregue a uma função política? A seqüência do texto é de natureza a nos fazer duvidar disso.

O rabi Elazar se acha num caminho de dúvida e de conflito interno. E, afinal, nunca se pronuncia no sentido de justificar a ação que daí em diante dirige: essa é a ordem do rei. Palavra que o último parágrafo do nosso texto — cujo propósito a partir de agora compreendemos — põe na boca do rabi Ismael, filho do rabi José, a quem o profeta Elias censura igualmente por "entregar à morte o povo do nosso Deus". O rabi Elazar conhecerá a impopularidade da audácia e se expõe à contestação: a dúvida lançada pelo rabi Josué bar Korha sobre a legitimidade da colaboração com o Estado alimentou as injúrias do vulgo:

> Um dia um lavador de roupas o encontrou e o chamou: "Vinagre, filho de vinho!" O rabi Elazar disse: "Insolente como é, provavelmente é um malfeitor." E deu a ordem para prendê-lo.

O rabi Elazar fareja o crime por trás dessa insolência. (Não veja você, nisto que vou dizer, nenhuma preocupação de me aproximar da atualidade!) Entre a contestação revolucionária e a simples insolência verbal existe a diferença de um abismo. Mas a pura violência verbal é sintoma de crime. O insulto assassino é fatal àquele que o profere. Ou, para abordar as coisas mais profundamente: a ruptura dos laços da linguagem, a profanação de suas leis internas, fazem com que aumente o sentido criminoso como a primeira brecha no muro das normas, como a obediência às leis rituais.

E é provavelmente esse o sentido da citação dos Provérbios que o rabi Elazar faz mais adiante, além da recomendação de bom senso que ela contém. O insulto e a incontinência — essa volta ao grito, essa disseminação do *lógos* — provocam uma desordem que desse momento em diante fica fora do alcance da boa vontade. O verbo acorrenta o caos, infelicidade que a linguagem quebra:

> O rabi Elazar disse: "Insolente como é, provavelmente é um malfeitor." E deu a ordem para prendê-lo.

A cólera do rabi Elazar se aplaca, o perdão da ofensa pessoal não demora a vir — e eis que, ignorando o encadeamento implacável da ordem política, o rabi Elazar tenta arrancar o homem que entregou na cólera a esse determinismo. Ah, a ordem — ou a desordem — da lei política é implacável! O homem a ela entregue não será recuperado.

> Depois de ter se acalmado, foi soltá-lo, mas isso não foi mais possível. Então, disse a esse respeito (Pr 21, 23): "Pôr um freio em sua boca e em sua língua é se preservar de muitos tormentos."

O que vem agora não é para demonstrar que o rabi Elazar era uma boa alma e tinha remorsos. Ele assiste ao suplício do homem cujo crime tinha imaginado sob a ofensa recebida, mas sem poder deduzir uma coisa de outra. Chora-o como um inocente. Nem o respeito às formalidades e seu determinismo, nem a simples intuição justificam a seus olhos a condenação de um homem.

Quando se consumou o enforcamento, ele chorava perto do patíbulo.

O poder do homem sobre o homem.

O rabi Elazar recebe então a confirmação de seu instinto infalível que, por si só, sem dúvida, justificava sua opção pela política, enquanto jamais confia — como o funcionário da polícia que o substituiu ou como o doutor de nosso último item — no caráter irrecusável da política ("é a ordem do rei"), desculpa que transforma o político em policial.

> Então, disseram-lhe: "Mestre, acalma-te." Em pleno dia do Grande Perdão, ele (o lavador de roupas) e seu filho tiveram relações pecaminosas com a noiva de um terceiro. Ele pôs as mãos sobre seu próprio corpo e disse: "Alegrai-vos, minhas entranhas, se aqueles que nos deixam em dúvida estão aí, ou se estão aí aqueles cujo caso não nos deixa nenhuma dúvida. Estou seguro de que a canalha não terá poder sobre vós."*

"O povo de nosso Deus" é, portanto, suscetível de todos os crimes! Sem nenhuma dúvida, o Talmude quer nos lembrar isso

---

*Há pequenas diferenças entre essa versão e a da mesma citação feita logo no início deste capítulo, no fim da primeira referência à Guemara: principal é que, lá, há um ponto de interrogação — que parece a versão mais natural — depois da palavra "dúvida", que está no fecho da penúltima frase. (*N. do T.*)

para acabar com tanta retórica falsa e mistificadora. Há espinheiros no jardim do bom Deus! O desacordo entre o rabi Elazar e o rabi Josué bar Korha se prolonga. Mas também é preciso compreender o resto que se diz por antífrase. Condenar um inocente — ou mesmo condenar um culpado sem provas — é uma falha da qual não se escapa nem pelo túmulo. Há mortos depois da morte! Que não se veja nisso nenhuma superstição. É toda a extensão da angústia que comporta o poder do homem sobre o homem que está exposta aqui.

"Mas ele não se tranqüilizou com isso. Deram-lhe um sonífero" etc. (segue-se no texto a descrição de uma prova à qual são submetidas as entranhas do rabi Elazar e a discussão provocada pelo resultado da prova).

A incerteza permanece. O instinto, tão seguro quanto possa ser, não carrega em si mesmo sua própria justificação, donde a prova, de cujos detalhes, um tanto horríveis, vou poupá-los. Prova favorável ao instinto do rabi Elazar, e entretanto discutível.

Entre o rabi Elazar e o rabi Josué bar Korha qual é a solução?

> E com o rabi Ismael filho do rabi José deu-se a mesma coisa. Um dia, o profeta Elias o encontrou e lhe disse: "Até quando vais entregar à morte o povo do nosso Deus?" O rabi Ismael respondeu: "Que posso fazer, é a ordem do rei." Elias lhe disse: "Teu pai fugiu para a Ásia, foge para a Lacedemônia."

Segundo a tradição talmúdica, o profeta Elias, na época messiânica, resolverá todas as antinomias. O profeta faz sua aparição no último parágrafo da passagem que comento e parece ir ao encontro do pensamento do rabi Josué bar Korha. Não é preciso entregar ao rei crianças do nosso Deus. Não há necessidade de entrar no caminho das violências políticas para combater o mal. A ordem política é recusável. Pode-se fugir para a Lacedemônia. Voltar ao particular? Retirar-se? Fugir? Deixar as coisas como estão? A palavra de Elias tem aqui a plenitude de voz que encontrará na época do Messias? E, se ressoa com firmeza contra aquele que não sabe questionar a ordem do rei, terá essa voz a mesma autoridade para deter "aquele que pretende roçar a vinha do Senhor"?

SEGUNDA LIÇÃO **Juventude de Israel**

**TEXTO DO TALMUDE DA BABILÔNIA
TRATADO DE *NÁZIR*, PP. 66a e b**

Mishna.

Samuel era nazireu, segundo resolução do rabi Nehorai, porque está dito (Samuel, cap. 1, 11): "E a navalha (*morá*) não tocará absolutamente sua cabeça." Ora, a respeito de Sansão se disse (Juízes, 13, 15) a palavra *morá*, (= navalha) e a respeito de Samuel se disse a palavra *morá* (= navalha). Assim como a palavra *morá* dita sobre Sansão indica o nazirato, dita sobre Samuel ela indica também o nazirato. O rabi Iossi objeta: "A palavra *morá* não significa o temor infundido pelos seres de carne e de sangue?" O rabi Nehorai responde: "Mas não está escrito: 'E como hei de ir?', disse Samuel. Se Saul souber, ele me matará (1Samuel 16, 2). Portanto ele verdadeiramente conheceu um medo inspirado por um ser de carne e sangue."

Guemara.

Rav disse a Hia, seu filho: "Anda rápido e dá a bênção." E, da mesma forma, o rav Huná disse a Rabá, seu filho: "Anda rápido e dá a bênção." O que significa: maior é aquele que dá a bênção do que aquele que responde *Amém*. Mas não temos uma *braita*: "O rabi Iossi ensinou: aquele que responde *Amém* é maior do que aquele que dá a bênção?" "Pelo Céu!", respondeu-lhe o rabi Nehorai, "saiba que os infantes começam a batalha, mas é às tropas de elite, que intervêm no fim do combate, que se atribui a vitória." Esse problema esteve em discussão entre os tanaítas. Há uma *braita*: "Tanto aquele que abençoa como aquele que diz *Amém* estão incluídos na recompensa, mas aquele que abençoa a recebe primeiro." O rabi Eleazar disse, em nome do rabi Haniná: "Os discípulos dos Sábios (*talmidé hahamim*) multiplicam a paz no mundo, porque está dito (Isaías, 54, 13): 'Todos os teus filhos serão discípulos do Eterno; grande será a paz de teus filhos.'"

JUVENTUDE DE ISRAEL[1]

A escolha.

O texto que lhes foi distribuído não tem, à primeira vista, nenhuma relação com a juventude.

O que é ainda mais grave é a escassa relação que suas diversas partes parecem ter entre si. Mas na unidade profunda que conservam e que convidam a descobrir reside, talvez, sua lição mais sugestiva. E essa foi uma das razões de minha escolha. Há entretanto, em seu favor, um motivo menos excêntrico e que não lhes terá escapado. Esse texto se refere ao *nazirato*, instituição explicada em Números, 6, de 1 a 21. O *nazireu* é um homem cujos cabelos não são cortados: "Durante todo o tempo

---
[1] Texto pronunciado como parte de um colóquio consagrado à "Juventude de Israel".

estipulado pelo *nazirato* a navalha não deve tocar a cabeleira de sua cabeça." E o texto dos Números acrescenta a essa proibição uma justificação que, menos atual do que os próprios cabelos longos, certamente não convencerá todo mundo: "Porque a auréola de seu Deus está sobre sua cabeça; enquanto carregar essa auréola, ele está consagrado ao Senhor."

Não foi para cortar o versículo em dois nem para separar da lei os seus considerandos que escolhi, a propósito da juventude de Israel, um texto sobre o nazirato. Mas fiquei chocado, ao saber pelo *Le Monde*, que sabe tudo, que a juventude de cabelos longos quer expressar, com suas cabeleiras incômodas, seu desacordo com a sociedade injusta à qual entretanto pertence. "Não cortaremos o cabelo enquanto a sociedade não mudar", dizem esses jovens. Quer queiram ou não, ei-los consagrados ao Senhor! Achamos a segunda metade do versículo. Ei-la, a auréola de Deus! Estou certo de que o texto bíblico jamais teria desejado a auréola de Deus sobre a cabeça do nazireu se ela não significasse, ou não expressasse, antes de tudo, uma existência de justiça no fundo do coração.

Aceitar os termos dos textos.

Mas a instituição do nazirato no livro dos Números comporta outras regras. Deixem-me expô-las antes de comentar o texto que vocês têm sob os olhos. É, na verdade, um prazer para mim poder dizer alguma coisa de preciso numa fala sobre a essência do judaísmo! Nem por serem precisas e, aparentemente, sem mistério, essas coisas deixam de anunciar sugestões menos preciosas. Claro, tudo aí está dito em termos religiosos; mas, ao contrário dos prejulgamentos espalhados sobre o particularismo do pensamento religioso judeu, essa linguagem conserva um sentido bem sensato e universal, mesmo para aqueles que estão seguros — até absolutamente seguros — de sua irreligião. Certeza admirável, seja dito de passagem. Estar seguro de sua irreligião não parece, a mim, mais fácil do que estar certo de suas certezas religiosas. Mas deixemos isso! Os irreligiosos são pessoas de crenças firmes, não duvidam de seu livre pensar!

Entremos, então, apesar de toda a nossa desconfiança, nessa linguagem, ou nesse imaginário religioso. Aceitemos de saída os dados do texto, sem nos preocuparmos logo com a psicanálise de seu autor — ou de seus autores —, sem submeter quem quer que seja a um processo de intenções; suponhamos a sinceridade do texto e perguntemo-nos sobre seu significado; suponhamos que, nos termos nele usados, há pensamento e que, em conseqüência, seu dizer e suas representações podem ser transpostos para outra linguagem e para outros conceitos. É nessa transposição que provavelmente se opera a interpretação, que seria impossível sem uma prévia apresentação das coisas segundo o próprio dizer do texto: "Deus", "consagrado a Deus"; "auréola de Deus", não recuemos diante desses termos. Esperemos apenas que, de sua própria constelação, em nosso texto se desprenda um sentido independente de qualquer catecismo. Talvez até percebamos que as estruturas complexas ou os significados inesperados que nosso texto ensina só podem ser ditos na linguagem religiosa, segundo seu sentido multilateral, do qual as interpretações — aí incluída a nossa — não podem extrair senão um aspecto. Jamais compreendi, de resto, a diferença radical que se faz entre a filosofia e o simples pensamento, como se todas as filosofias não brotassem de fontes não filosóficas. Freqüentemente basta definir uma terminologia insólita por palavras vindas do grego para convencer os mais difíceis que acabamos de entrar na filosofia.

O nazirato e suas proibições.

Volto então à descrição do nazirato. Trata-se de uma condição que o israelita se dá, como a conseqüência de um voto, por um período determinado. Essa condição comporta, além do compromisso de não cortar o cabelo, duas outras proibições: durante todo o período do nazirato, o nazireu não beberá vinho e não consumirá nenhum produto provindo da vinha, nem passas e nem mesmo a casca da uva. Neste ponto, o próprio texto da Bíblia estende aos produtos da vinha a proibição relativa ao vinho. Como se, para evitar a transgressão, a própria Lei excluísse tudo aquilo que, pouco a pouco, pudesse chegar lá. Como se o próprio texto da Bíblia traçasse o modelo da "Restrição da Lei" à qual se aplicará a obra dos rabinos. Obra à qual remontam as inumeráveis proibições acrescentadas às enunciadas pela Torá para assegurar o respeito dos rabinos.

Último ponto: o nazireu se proíbe, durante o período do nazirato (que é, no mínimo, de trinta dias), todo contato impuro, que é, por excelência, o contato com os mortos, ou até mesmo a presença num cômodo em que esteja um morto. Pode-se, certamente, fazendo prova de vontade, não beber vinho ou não consumir nenhum produto da vinha. Está também em nosso pleno poder preservar nossos cabelos da navalha. A Sansão, como se sabe, foram-lhe cortados enquanto dormia; mas as aventuras conseguidas por ele não são freqüentes. É evidente, porém, que a pessoa pode estar — e isso independe de nós — num cômodo em que ocorra uma morte brusca. O nazireu então pode se tornar impuro contra a sua vontade. De qualquer maneira, isso é suficiente para interromper seu nazirato. Nesse caso ele pode mandar raspar a cabeça, para oferecer um sacrifício chamado *Asham* e para recomeçar o período de seu nazirato tal como tinha sido fixado por seu voto inicial.

Eis o instituto do nazirato resumido de maneira muito imperfeita: além dos vinte e um versículos dos Números que o instituem, lhe é consagrado um tratado completo do Talmude — sessenta e seis folhas, cento e trinta e duas páginas. No fim dessas cento e trinta e duas páginas é que estão as trinta linhas que traduzi para vocês comentarem.

Mas, antes de começar, vocês me permitiriam ainda adivinhar um dos dois milhões e quatrocentos mil significados que podem ter as proibições que acabo de resumir? Isso supõe, sem dúvida, conhecimentos infinitamente mais vastos do que os que possuo e que alguns oradores imaginam bastantes para se entregarem ao exercício sobre o "pensamento judeu". Que os talmudistas aqui presentes — e que avaliam no mínimo a extensão de minha ignorância na matéria — me perdoem essa tentativa de explicar. Considero-a necessária para não frustrar a atenta assembléia que me ouve e que talvez fosse levada a se revoltar contra as eternas proibições nas quais redundaria toda tentativa de abordar o judaísmo. O que direi não será, portanto, mais do que uma abordagem feita dentro do pouco que aprendi.

A *motivação*

Por que o contato com o morto tornaria impuro? No judaísmo, a morte, de fato, é princípio de impureza. Chama-se o morto mesmo: princípio do princípio, ou, segundo uma expressão pitoresca, mas rigorosamente técnica, avô da impureza; toda impureza espiritual decorreria mesmo do contato com os mortos.

DO SAGRADO AO SANTO

Crença mítica, dirão vocês, e com a ajuda da etnografia vão achá-la em outras crenças. No judaísmo, a impureza do morto não se refere, entretanto, ao registro do sagrado e do profano. O contato com o morto não é a violação de um tabu. A morte é fonte de impureza porque corre o risco de retirar todo sentido à vida, mesmo quando filosoficamente triunfou-se sobre a morte! Porque, a cada novo contato com a morte, todo sentido corre o risco de logo reduzir-se ao absurdo; a corrida atrás do gozo do momento presente — o *carpe diem* — talvez se torne então a única e triste sabedoria. Os grandes compromissos e os grandes sacrifícios já estão a ponto de se alterar. A morte é o princípio da impureza.

Por que a proibição do vinho? Porque a embriaguez é ilusão, esvaecimento do problema, fim da responsabilidade, entusiasmo artificial, e o nazireu não quer ser enganado, nem se desobrigar do peso da existência esquecendo precisamente o mal e a infelicidade. Lucidez, realismo, absoluta fidelidade na lucidez, e não na embriaguez e na exaltação.

Por que os cabelos longos? O que vou dizer-lhes mais adiante justificará um pouco a interpretação que tento de imediato. Não deixar cortar os cabelos durante a duração do nazirato e a necessidade de raspar a cabeça no fim do nazirato, eis a Lei. Quando o nazireu chega ao fim do período de seu voto, apresenta-se diante do altar do templo, oferece um sacrifício, tem os cabelos cortados, lança-os ao fogo, e bebe vinho. Mas deixar crescer os cabelos durante a duração do nazirato não é um modo de estar "íntegro diante de si" sem se preocupar com sua aparência? Um modo de estar "sem espelho", estar sem se voltar para si? Antinarcisismo! Por que ser obrigado a raspar a cabeça no fim dos votos do nazirato? Talvez para impedir que a boa violência feita contra si próprio não se torne costume fácil e que o protesto contra as instituições não se torne instituição. Deixar crescer os cabelos, não se mirar, não se voltar para si, não se preocupar com o efeito que cause, não medir a extensão de suas audácias — nada mais belo permanecendo pureza e lucidez! Mas atenção para a audácia tornada profissão! Atenção para a insolência exercida sem qualquer consciência revolucionária! É preciso deixá-los crescer, certamente, mas em determinado momento é preciso cortá-los. Os cabelos compridos correm o risco de se tornar o uniforme da não-consciência de si. Indiferença a respeito de si, desprezo da aparência, tudo bem, mas também juventude se tornando razão social, e logo reivindicação. Cabelos longos ostentados como uniforme — aí está o grande escândalo dos cabelos longos.

Eis, portanto, a motivação possível de alguns ritos. O Talmude nos põe em guarda contra a busca de tais motivações. É suficiente conhecer as razões de um imperativo para torná-lo logo hipotético, quer no sentido kantiano quer no sentido vulgar do termo. Pensa-se logo que os perigos conjurados pelo imperativo ameaçam certamente todo mundo, mas não ameaçam a mim. Foi essa, parece, a infelicidade do rei Salomão: ele estava, com toda a certeza, persuadido de que mulheres muito numerosas levam, como quer a Escritura, todos os homens a se perderem, mas acreditava-se acima de tais contingências. Vocês sabem no que deu. Cometi, então, uma grave transgressão procurando razões para as três proibições do estatuto do nazireu. Pelo menos deixei entrever a elevação dessa condição, à qual se pode consagrar a vida toda, como se pode estar comprometido com ela por um tempo limitado, pelo menos trinta dias.

DO SAGRADO AO SANTO

Nazirato e sacerdócio.

A condição de grande sacerdote é modelo disso. O que eu disse do estatuto do nazirato vai reabilitar aos olhos de alguns noções tão suspeitas de clericalismo como o Templo, o culto nele prestado, e os sacerdotes que nele são consagrados? Qualquer que seja a opinião que se possa ter sobre a historicidade das instituições que essas noções sugerem, é preciso ler em sua linguagem própria os livros em que se medita sobre o judaísmo, em que se fixam as normas através das quais se exprimem sua visão do mundo e sua mensagem. Antes de qualquer história e de qualquer sociologia, é preciso decifrar a própria linguagem dos textos.

O grande sacerdote e os sacerdotes que estão de serviço — seu turno é periódico — estão sujeitos às mesmas proibições que os nazireus. Não tocam em suas cabeleiras durante trinta dias, não penetram no templo se beberam vinho. Os comentadores explicam a morte violenta dos dois filhos mais velhos do grande sacerdote Aarão, de que trata o capítulo 10 do Levítico, pelo fato de que tinham entrado no tabernáculo sem ter respeitado esse princípio. O contato com os mortos, por fim, é uma proibição permanente para os sacerdotes. O sacerdote é um nazireu permanente? O nazireu é um sacerdote temporário? As análises do Talmude rejeitam essas fórmulas às quais faltam matizes, mas a analogia evidente de proibições e de ritos não possibilita uma metáfora suplementar para expressar a elevação intrínseca ao nazirato, à consagração ao Senhor? O nazireu conhece a condição excepcional do sacerdote penetrando no templo, metáfora de aproximação com o Altíssimo e de uma liturgia que um único celebra para a coletividade, vanguarda de eleição: serviço de um para todos.

Amável juventude.

Onde fica, em tudo isso, a juventude? Depois do debate desta manhã e do que disseram em particular Vladimir Jankélévitch e a senhorita De Fontenay,[2] a juventude se nos mostra como uma certa instabilidade, se for definida pela idade, como uma noção em si insignificante, perigosa quando lembramos do uso que dela fez o fascismo, fazendo-se esquecer as oposições e os conflitos reais dos homens. E, entretanto, é grande a atração que exerce sobre os homens em geral o ideal da juventude, mesmo quando são recusadas as definições juventude-orgulho, juventude-espontaneidade, juventude-recusa ao passado, juventude-liberdade, sob o pretexto de que todos esses atributos têm seu reverso de crueldade, de barbárie, de facilidade. Nisso vemos que ela é eminentemente desejável e eminentemente amável no próximo. Não se saberia falar dela de um modo pejorativo. Quando a contamos, dizemos que a verdadeira juventude está em qualquer outra parte. A utilizamos para atacar a juventude.

O texto ao qual me refiro não se guia por um conceito de juventude menos dialético, menos suscetível de transformar sua graça em egoísmo e, sobretudo — e paradoxalmente —, na designação daquilo que é eminentemente perecível na humanidade?

O nazireu de Simeão, o Justo.

Vou partir, antes de abordar o texto que está diante de vocês, de uma outra passagem que está no mesmo tratado, na página 4*b*.

---

[2]Cf. *Jeunesse et révolution dans la conscience juive — Données et débats*, P.U.F., 1972, pp. 230-242.

Está em questão aí um modo de existência nobre em que aparece o fenômeno que se pode chamar de juventude. É a narração de um nazirato absolutamente excepcional, muitos de vocês provavelmente o conhecem; é uma história que embalou, senão a infância de todos nós, pelo menos a infância de alguns de nós: "Simeão, o Justo, disse..." Simeão, o Justo, é uma pessoa extremamente conhecida. No Tratado dos Princípios — em *Pirkei Avot*, que você citou hoje, senhorita De Fontenay —, no comecinho, entre os primeiros "disse", figura aquele de Simeão, o Justo. "Simeão, o Justo, estava entre os últimos doutores da *Grande Sinagoga*." Um doutor da Lei antiqüíssimo. Foi ele que acolheu Alexandre, o Grande, em Jerusalém. O que nos remonta a ligações muito pouco comuns; e Alexandre, o Grande, que por ser macedônio não era menos grego, e tivera o próprio Aristóteles como mestre, tinha do judaísmo tradicional uma opinião da qual os rapazes de hoje — que, por terem estudado um pouco de filosofia, se acreditam profundamente gregos — nem sempre se orgulham. Eis então o que disse Simeão, o Justo, segundo a página 4*b* do tratado de *Názir* (sem falar de Alexandre, o Grande, esse tratado nos faz pensar em uma história grega). Simeão, o Justo, disse: "Em minha vida não participei da refeição que acompanha o sacrifício que o nazireu tornado impuro carrega..." Trata-se do sacrifício que oferece o nazireu tornado impuro pelo contato com um morto, que está obrigado a cortar os cabelos antes de recomeçar o tempo de seu nazirato; sacrifício que inclui uma refeição da qual o sacerdote participa. E Simeão, o Justo, era grande sacerdote... Em sua vida, não tinha participado de uma dessas refeições. Por quê? O comentador explica: porque ele duvidava que um nazireu cujo nazirato tivesse sido interrompido tivesse a coragem de recomeçar a prova em sua integralidade. Temia ele que o sacrifício oferecido não tivesse intenção sincera, o que seria uma pura profanação dos sacrifícios. De um ato de profanação, Simeão, o Justo, jamais quis participar: "Em minha vida não participei da refeição que acompanha o sacrifício oferecido pelo nazireu tornado impuro, exceto da refeição que acompanhava o sacrifício de um rapaz vindo do Sul. O rapaz tinha um belo aspecto e belos olhos, e uma cabeleira caindo em belos anéis... Eu lhe disse: Meu filho, por que decidiste não mexer em tão bela cabeleira?" (Não tinha ele, na verdade, vindo oferecer um sacrifício e cortar os cabelos, mas, principalmente, não teria ele, de qualquer maneira, de fazer isso no fim de seu nazirato?) Então o rapaz respondeu: "Eu era pastor em minha aldeia e guardava os rebanhos de meu pai. Ia beber em um riacho e lá vi, um dia, minha imagem... minha má tendência (ou meu "instinto"? ou meu "mau instinto"? ou minha "pessoa"? ou meu "eu"? O termo empregado, que tentei traduzir, é *Yitzri*, meu *yetzer*, substantivo que remete ao verbo *Yatzor*, criar. *Yitzri*: talvez "o que há de criatura em mim"). E então, *yitzri* se arrebatou (ou se exaltou) e buscou me expulsar do mundo (ou do meu mundo). Eu lhe disse: "Tolo, tu arrastas o orgulho de um mundo que não é para ti, e no qual acabarás entre os vermes. Por Deus, vou mandar cortar os teus cabelos." "Então", acrescenta Simeão, o Justo, "levantei-me, abracei o rapaz por sobre a cabeça e lhe disse: 'Que nazireus como tu sejam numerosos em Israel, é de ti que a Escritura diz: se um homem faz voto expresso de ser nazireu, querendo se abster em nome do Eterno etc'."

E comenta o Tosafite: "Desde a partida, o voto daquele estava consagrado ao Céu", era desinteressado. Simeão, o Justo, sabia corretamente que aquele não retomaria seus votos por se ter tornado impuro pelo contato inadvertido com um morto; mas a maior parte dos nazireus manifesta seus votos seja quando está em dificuldade seja para resgatar uma falta; o ato de penitência surge, então, aos olhos de nosso comentador, como um ato interessado. Esse texto, no esclarecimento do Tosafite, revela-nos o sentido do nazirato: o desinteresse. Não no sentido unicamente moral do termo, que, sem dúvida nenhuma, o desinteresse comporta, mas num sentido ainda mais radical. Trata-se do desinteresse oposto à *essência* de um ser. Essência, precisamente, é sempre persistência na essência, volta dela sobre si mesma, consciência de si e compaixão por si. Como muito bem viu o jovem pastor, ela é não apenas uma persistência, mas também um envelhecimento e um morrer. A consciência de si, esquecida da senescência, orgulho sem propósito! Aquilo a que se recusou o nazireu por excelência encontrado por Simeão, o Justo, é esta autocontemplação, não quanto a ser belo, mas a se olhar como belo. É recusar-se a esse narcisismo que é a consciência de si, sobre a qual estão construídas nossa filosofia ocidental e nossa moral. Digo *nossa*. Mas o jovem pastor de Simeão, o Justo, recusou-se ao pensamento do pensamento pelo qual se descreve o deus de Aristóteles e no qual termina a *Enciclopédia* de Hegel e talvez a filosofia ocidental. Teria sentido que ele abandonasse o mundo, que deixasse a ordem que era a sua, que, na contemplação de si, se perdesse? É preciso ver seu nazirato nesse nível.

Compromisso e liberdade.

O texto que vamos abordar agora deve ser lido como prolongamento daquele que o precedeu... Vai nos ensinar alguma coisa de novo sobre o nazirato. Talvez leve a uma idéia sobre a juventude muito diferente daquela que precisamente nosso nazireu combateu quando, diante da própria imagem, sentiu-se triunfante mas insensato.

> *Mishna*. Samuel era nazireu segundo resolução do rabi Nehorai, porque ele disse (1Samuel 1): "E a navalha (*morá*) não tocará absolutamente sua cabeça..."

O problema da Mishna, muito elipticamente enunciado, é o seguinte: existe um ritual completo segundo o qual se pronunciam os votos do nazirato. Esses votos comprometem imediatamente, porque a qualquer momento se pode morrer e se achar impedido de manter o compromisso assumido. O futuro está presente e não poderia ser adiado (não posso, aqui, entrar no sentido dessa urgência, que se irradia de muitas discussões do tratado de *Názir*). Mas também é possível pronunciar os votos dizendo simplesmente, diante de um nazireu que passe à sua frente: "Quero ser como aquele." Também se pode dizer: "Quero ser assim." É possível tornar-se nazireu dizendo "Quero ser como Samuel"? (A referência é ao profeta com o qual se abre o livro primeiro de Samuel do cânon bíblico.) Sim, desde que Samuel seja considerado nazireu. É disso precisamente que trata a nossa Mishna. No texto bíblico, a palavra nazireu não é pronunciada em relação a Samuel. O rabi Nehorai acha, entretanto, que ele era um nazireu. Como o sabia o rabi? Porque está dito (1Samuel, 11): "E a navalha (*morá*) não tocará sua cabeça."

Singular nazirato! Foi a mãe de Samuel que, no texto bíblico, fez o voto: "A navalha não tocará sua cabeça." Ele próprio ainda não tinha sido concebido no momento em que se fez a promessa. Voto que não se refere senão aos cabelos. Nenhuma palavra sobre a impureza, nenhuma palavra sobre a vinha. Mas tudo se passa como se o voto pronunciado pela mãe importasse, como se o compromisso pessoal, livremente assumido — garantia da espiritualidade em nosso Ocidente filosófico —, não fosse a suprema investidura de uma vocação. Como se, para além do culto da juventude, da novidade, do compromisso atual que esse liberalismo contém, um alto destino de obrigação pudesse começar antes de nosso começo, no valor interno da tradição. Eis pelo menos o que está em questão aqui.

Para demonstrar que Samuel é um nazireu, como se neste caso não se tratasse de um problema puramente prático, tornamo-nos nazireus quando dizemos "Quero ser como Samuel"? O rabi Nehorai raciocina por analogia:

> Ora, quanto a Sansão foi dita (Juízes 19, 5) a palavra *morá* (navalha). Assim como a palavra *morá* dita a propósito de Sansão indica o nazirato, dita a propósito de Samuel indica também o nazirato.

Sansão, eis aí outro nazirato assumido sem uma decisão pessoal. Não é nem sua mãe que pronuncia os votos, mas um mensageiro do Senhor ou um anjo. É um voto que é ordem de Deus. Sansão era nazireu por vontade divina. O nazirato de Samuel seria então da mesma espécie que o de Sansão. Um anjo do Senhor pronuncia votos em seu lugar, e você está engajado! Nada é mais escandaloso para uma consciência na qual tudo deve começar através de um ato livre e na qual a consciência de si, complementando a consciência, é uma suprema liberdade. Ora, o texto bíblico relativo a Sansão o nomeia explicitamente nazireu desde antes de sua concepção. O anjo diz à mãe de Sansão (Juízes 13, 4-5): "E agora, observa bem, não tomes nem vinho nem outra bebida inebriante e nem comas nada de impuro. Porque vais conceber e parir um filho, a navalha (*morá*) não deve tocar sua cabeça, porque essa criança deve ser um nazireu consagrado a Deus (a Eloim = Deus como Deus da estrita justiça) desde o seio materno." E mais adiante, o anjo — ou o enviado do Senhor — como se referindo ao estatuto do nazireu, proíbe que a mãe coma "o que a vinha produz" (Juízes 13, 14).

Sansão de cabelos longos seria também o protótipo do nazireu, tanto quanto o pastor de lindos cachos de Simão, o Justo? Samuel, que a tradição compara a Moisés e Aarão — não está escrito (Sl 99, 6): "Moisés e Aarão estavam entre seus sacerdotes e Samuel entre aqueles que invocavam seu Nome: eles clamavam para o Eterno, Ele lhes respondia"? —, deve ser reconhecido como nazireu por analogia com Sansão? Ambos consagrados a uma vocação que não escolheram. Ora, Sansão é um jovem. Toda sua tragédia é uma tragédia de juventude, feita de erros e de amores de juventude. Que a dignidade do nazireu possa achar uma norma no destino de Sansão, isso nos leva a nos interrogarmos antes sobre as possibilidades da juventude e sobre a essência da espiritualidade. Eis-nos, parece, fora do sentido que Simão, o Justo, dá ao nazirato. A intervenção do rabi Iossi é, a partir daí, claramente inteligível:

> O rabi Iossi objetou: a palavra *morá* não significa o medo provocado por seres de carne e de sangue?

Sem medo.

Morá significaria medo, e não navalha, caso se escrevesse essa palavra hebraica [*morah*, na transcrição francesa] com um *alef* no fim, e não com um *hêi* [agá]! "A navalha não tocará sua cabeça" ficaria "O medo nunca estará sobre sua cabeça". Pode-se, aliás, achar a mesma significação do versículo, sem substituir um *alef* por um *hê*, considerando a palavra *morá*, segundo a sugestão do comentador Maharchá, derivada de *marut*, significando poder e senhorio. Traduzir-se-á então: "E sobre sua cabeça nenhum outro jamais exercerá poder." E então nosso texto se torna de fato muito significativo. O nazireu se definiria, segundo o rabi Iossi, como aquele que não tem medo de ninguém, ou, mais exatamente, aquele que não teme o poder. Definição do nazireu ou definição do jovem? Elas se confundem na pessoa de Sansão. Definição da juventude que ainda não foi tentada hoje em dia. Entretanto é melhor do que aquela tão vaga que fala da "criatividade", a qual é quase tão irritante e tão usada como a palavra "diálogo".

Infelizmente, a opinião do rabi Iossi é combatida:

> O rabi Nehorai responde: "Mas não está escrito: 'E como irei, pergunta Samuel. Se Saul souber, ele me matará.' Portanto, ele conheceu claramente o medo inspirado por um ser de carne e de sangue."

O rabi Nehorai, em sua resposta, se refere a um texto de Samuel I (16, 2). Quando Saul, contrariamente à ordem dada por Samuel, poupa o rei de Amalec, Agag, seu reinado está virtualmente terminado aos olhos do Eterno; Deus envia então Samuel a Belém, a fim de lá ungir rei o homem que lhe será designado. Esse será Davi. Mas Samuel teme essa missão. Se Saul soubesse, levá-lo-ia à morte. E, texto surpreendente, o Eterno compartilha desse medo!

Deus não teria poder suficiente para garantir a segurança de seu enviado? Prefere ensinar um artifício a Samuel. A ida de

Samuel a Belém terá como pretexto uma festa local. O Eterno pensa provavelmente que o poder tem alguns direitos e algumas razões de ser. Há nesse texto um recuo diante do gesto revolucionário. Segundo o rabi Nehorai, pelo menos, o nazirato não está na coragem temerária e no desprezo pelo poder estabelecido. Se nazirato e juventude caminhassem lado a lado, não seria preciso reduzir juventude a espírito revolucionário!

Eu, entretanto, gostei muito daquilo que disse o rabi Iossi, e estou certo de que sua posição agradou a todo mundo aqui. Pode-se mesmo pensar que agradou muito aos doutores da Torá, que poderiam não reproduzir aqui uma opinião contestada. Entretanto, ela está reproduzida. Contestar o poder em nome de um absoluto é uma coisa insensata, mas audaciosa e nobre. Deve-se dizer: porque é consagrado a Deus, o nazireu não tem medo de ninguém; ou, porque não tem medo de ninguém, ele é consagrado a Deus? As duas proposições não são equivalentes! Quanto a mim, não busco o sentido do termo — o mais compreensível e o mais misterioso — Deus em algum sistema teológico. Tentarei compreendê-lo a partir da situação em que aparece um homem que na verdade não tem medo de ninguém.

Em todo caso, é o rabi Nehorai que tem a última palavra.

No final, não é a coragem nem é a contestação do poder que definem o nazirato e a juventude. Com a coragem não se sabe nunca aonde exatamente se vai. Há talvez, nessa intrepidez temerária e em sua violência, um elemento de orgulho e de facilidade; de crueldade, sem dúvida. A justa violência, enquanto em volta de nós tudo é piedosa criatura! Pensem no texto do tratado do *Sinédrio*, 98*b*, ou Ulá e Rabá e rabi Iochanã[3] preferem não conhecer os tempos messiânicos para não assistir às violências de

---

[3] Ver *Difficile liberté*, 2ª. ed., p. 107.

que o triunfo da justiça absoluta deverá se cercar. Tema permanente. Nisso talvez é que tenha pensado o rabi Nehorai quando lembrou-se do medo que Samuel experimentou ao pensar na vingança do rei Saul, e o Eterno nosso Deus todo-poderoso, que teria compartilhado desse medo para não identificar o nazirato com o fim do medo que o poder humano pode provocar.

Metodologia.

> *Guemara.* — Rav disse a Hia, seu filho: "Apressa-te e dá a bênção..."

Passo agora à Guemara, na qual se pretenderia achar um comentário da Mishna e na qual, com toda a evidência, trata-se de outra coisa. De resto, toda a Guemara desta última Mishna do tratado de *Názir* faz-se como que de trechos selecionados. O início do texto se acha no tratado de *Berakot*, e o fim de nosso texto constitui a parte final de três tratados: *Ievamot, Berakot,* ainda, e *Názir*, no qual nos encontramos. A Guemara seria, neste caso, puro ornamento, respondendo à preocupação de terminar um tratado de Halachá por algumas palavras hagádicas que nos permitem sonhar ou que nos inspiram piedosos pensamentos? Não se deve proscrever essa interpretação; mas não é proibido ser mais exigente.

Perguntemo-nos então quais são os temas abordados por nossa Guemara. São dois: o primeiro se refere ao mérito que se alcança pronunciando uma bênção — bênção sobre o vinho, em nosso exemplo —, comparado com o mérito que nos cabe pelo fato de respondermos *Amém* ouvindo a bênção. Qual é maior? Pensem como isso é importante! Já ouvi de pessoas de visão curta a exclamação famosa: "Sejamos sérios!" Com ela se evita cair no propósito de seu opositor quando ele o aborrece, principalmente quando ele é elevado demais para o alcance de seus olhos. Saber se o mérito de quem abençoa é maior do que o de quem responde *Amém* não seria absolutamente um problema sério para uma pessoa moderna que leu tantos livros! Certamente.

Quanto ao segundo tema evocado pela Guemara, é, com toda a evidência, um pensamento piedoso, sem mais nada: os sábios do Talmude pretendem fazer reinar a paz no mundo:

> O rabi Eleazar disse, em nome do rabi Haniná: "Os doutores da Lei multiplicam a paz no mundo, porque está dito (Isaías 54, 13): 'Todas as crianças serão discípulos do eterno; grande será a paz de seus filhos.'"

Vocês querem que nos interroguemos mesmo que não haja nada de sério nessa piedade frívola? Dois problemas surgem: *a)* Que significa esta Guemara? *b)* Qual é a relação intrínseca de toda essa Guemara com nossa Mishna? Há mesmo um terceiro problema: a relação entre tudo isso e a juventude. Este último problema põe em causa aquele que escolheu este texto para comentá-lo com vocês.

Que significa o texto: "Rav disse a seu filho Hia: 'Anda rápido (o copo) e dá a bênção'." A cena se passa em sociedade. Traz-se um copo de vinho para que se pronuncie uma bênção sobre ele? Quem vai dar a bênção? O pai ensina ao filho: "Pega logo o copo, pronuncia a bênção." Isso vale mais do que responder *Amém* à bênção pronunciada por um outro. E esse ensinamento do pai ao filho deve ser importante. Por sua vez, o rav Huná não diz a seu filho: "Anda rápido (o copo) e dá a bênção."

Daí, depois dessas palavras apenas decentes em seu aparente egocentrismo, a conclusão impossível da Guemara: "Isso significa que maior é aquele que dá a bênção do que aquele que responde *Amém*." Mas eis uma dificuldade. Falta-nos uma *braita* (quer dizer, uma Mishna que não entrou na coletânea do rabi Judá Hanassi) que enuncie: "O rabi Iossi (o mesmo rabi Iossi que fala em nossa Mishna) ensinou: 'Aquele que responde *Amém* é maior do que aquele que deu a bênção.'" O rabi Iossi era então partidário de uma doutrina na qual o mérito daquele que diz *Amém* ultrapassa o daquele que dá a bênção. A que o rabi Nehorai — desta vez de acordo com o rabi Iossi, que o contradizia em nossa Mishna — acrescentava: "Céus! Isso é mesmo assim. Saiba que são os infantes que abrem as hostilidades, e é às tropas de elite, que aparecem quando o combate termina, que se atribui a vitória." Portanto, já se conhecia isso na época: os pobres soldados se entregam à morte; os quadros superiores atribuem a si a vitória!

Mas qual é a relação entre os infantes e a bênção, entre as tropas de elite e o *Amém*? Relação totalmente exterior, parece: aquele que vem por último consegue a vitória, portanto, o mérito é daquele que diz *Amém*. Que histórias de dar sono! Que histórias de maluco! Estranha lógica essa que faz passar do caso das bênçãos a imagens militares. Não pode ser coisa séria.

Fui grandemente ajudado, para sair dessa enrascada, por um comentarista do século XVII, cujos textos, assinados Maharchá, desfrutam de uma grande autoridade e figuram nas boas edições do próprio texto da Guemara.

Eis seu objetivo. Sua linguagem — religiosa — ainda precisa, certamente, ser interpretada para revelar o sentido profano que comporta, de quebra. Mas ler a Guemara é uma decifração permanente, e ainda mais, uma decifração sem código.

Bênção e terceiro mundo.

A bênção seria um ato de importância primeira. Poder comer e beber é uma possibilidade tão extraordinária, tão milagrosa quanto a travessia do Mar Vermelho. Desconhecemos o milagre que isso representa porque vivemos nesta Europa, no momento provida de tudo, e não num país do terceiro mundo, e porque nossa memória é curta. Lá, compreende-se que matar a fome é a maravilha das maravilhas. Voltar, apesar de todos os progressos da civilização, ao estado de indigência na Europa é, para nós, uma possibilidade perfeitamente factível, como o provam os anos de guerra e dos campos de concentração. Na verdade, o itinerário que leva o pão da terra em que cresce o trigo à boca que o consome é o mais perigoso. É atravessar o Mar Vermelho. Um velho Midrash, concebido no mesmo espírito, ensina: "Cada gota da chuva que deve regar nossos campos é conduzida por dez mil anjos para poder chegar a seu destino." Nada mais difícil do que chegar a se alimentar! De modo que o versículo "Comerás, serás saciado e te benzerás" (Dt 8, 10) não é falatório piedoso, mas o reconhecimento de um milagre cotidiano e da gratidão que esse milagre deve produzir nas almas. Mas a obrigação da gratidão vai mais longe. Segundo um modo de dizer dos rabinos, a bênção suscita os anjos favoráveis, intercessores capazes de combater os maus espíritos que se interpõem entre a alimentação e os famintos e que espreitam e criam todas as ocasiões para impedir o pão de chegar à boca. Tudo isso será figura de uma retórica esgotada? A não ser que haja nela uma descrição da sociedade encantadora em que vivemos, sociedade da livre concorrência e das contradições capitalistas.

Caso se aceite essa última proposição, será mais fácil compreender a aproximação entre a bênção e o combate militar. Mas como irá a bênção criar os combatentes da boa causa? Não fiquemos nas imagens! É evidente que nos são propostas aqui lutas pacíficas: o problema do mundo faminto só pode ser resolvido se a comida dos possuidores e dos abastecidos deixar de ser vista por eles como sua propriedade inalienável. A comida tem de ser vista como um dom recebido pelo qual temos de dar graças e ao qual os outros têm direito. A penúria é um problema moral e social, não é apenas um problema econômico. Eis o que nosso texto nos lembra através das histórias de dar sono. E se compreende, desde então, que essa guerra interior e pacífica não deve ser conduzida só por mim que, na bênção, renuncio à propriedade, mas também por aqueles que respondem *Amém*. É preciso que uma coletividade siga os indivíduos que tomam a iniciativa da renúncia a seus direitos para que os famintos possam comer. De modo que são muito importantes essas idéias de alimentação e de luta, todo esse materialismo que prolonga as leis do nazirato.

A aproximação, tão pouco fundamentada na aparência, entre nossa Guemara e nossa Mishna não se deve a um cuidado qualquer de juntar textos homiléticos, nem ao fato de os protagonistas da Mishna e da *braita* citada pela Guemara serem os mesmos. Essa aproximação nos ensina que é preciso que haja um nazirato no mundo — um foco de desinteresse — para que os homens comam. Dar de comer aos que têm fome supõe uma elevação espiritual. É preciso que o nazirato seja uma possibilidade concreta para que o terceiro mundo, para que a humanidade chamada subdesenvolvida, possa matar sua fome, para que o Ocidente, apesar de sua abundância, não regrida à fase de uma humanidade subdesenvolvida. E, inversamente, alimentar o mundo é uma atividade espiritual.

Eis, portanto, uma boa razão para aproximar o tema do

nazirato do tema da bênção e do *Amém*. Pois, no caminho que é essa renúncia aos seus direitos, esse reconhecimento da propriedade não-romana, não importa se a iniciativa do indivíduo que "anda [rápido] e benze" é ou não mais importante do que as massas que a imitam, ou seguem ou dizem *Amém*: isso torna compreensível para nós o texto conciliador, porém firme, que se segue e que lembra a alta antigüidade do problema:

> Esse problema esteve em discussão entre os tanaítas. Existe uma *braita*: "Tanto aquele que abençoa como aquele que diz *Amém* estão incluídos na recompensa, mas aquele que abençoa a recebe primeiro."

O estudante da Torá e a juventude.

Resta um último problema, para além dessa luta pacífica ou das condições de seu sucesso. Redimir o mundo pela intrepidez e pela renúncia, redimir o mundo pela bondade e pela luta — não é necessário, para chegar a isso, subir ainda mais alto? O nazirato permanece na vocação do sacerdote, do herói e do reformador social?

É então que surge a figura que, no judaísmo, é a mais alta: a do *talmid-haham*, do estudante da Torá e a daquele juiz que estudou a Torá e a aplica. Há os doutores da Torá. E, ainda aqui, o comentador Maharchá me ajudou muito. O que é mais importante ainda do que a benevolência entre os homens, ou, segundo os próprios termos de Maharchá — e se trata de uma belíssima linguagem, provavelmente mais rica de sentido do que aquilo que tiro dela permite supor —, mais importante do que a criação de anjos intercessores, é o juiz que reconcilia os homens.

E Samuel e Sansão eram juízes. Esquecemos disso em relação a Sansão: vemos sempre nele o belo musculoso que arranca o portal de uma cidade e que abate com um golpe de maxilar de jumento uma multidão de filisteus.

Diz a Bíblia: "Ele foi juiz em Israel durante quarenta anos." Para ser juiz em Israel, era preciso que se conhecesse a Lei oral. Era preciso ao menos aos olhos dos Sábios do Talmude. Aos olhos desses sábios, por anacronismo, era preciso que ele participasse das discussões futuras dos tanaítas, dos amoraítas e dos gaonitas. Era preciso, de todo modo, que Sansão fosse um *talmid-haham*. Por trás da juventude da intrepidez, por trás da juventude da benevolência, há a juventude daquele que estuda a Torá e que julga.

Por que a juventude? Porque o texto diz o seguinte: "Todos os filhos serão discípulos do Eterno." Os filhos de Israel, os filhos do Eterno. A juventude equivale à condição de filho, qualquer que seja a idade do filho! A juventude é o estado da receptividade em relação àquilo que é permanente, e bem ao contrário do "complexo do Pai". Os filhos de Israel são a juventude por excelência: os estudantes da Torá. Aqueles que, recebendo-a, renovam a Torá.

A citação do versículo de Isaías (54, 13), "Todos os teus filhos serão discípulos do Eterno, grande será a paz de teus filhos", é seguida nos tratados de *Berakot* e *Ievamot*, nos quais está igualmente evocado pela seguinte observação: "É preciso ler não 'banaichi', teus filhos, mas 'bonaichi', teus construtores"; grande é a paz de teus construtores. Pacificar o mundo renovando-o construtivamente, eis a juventude do nazirato, eis a juventude.

Mais velho do que toda vida e mais jovem do que toda juventude.

Mas pode-se dar um passo adiante, para reencontrar neste apego com a Lei da justiça, semelhante ao nazirato, e na idéia do nazirato referente ao de Sansão e de Samuel, para reencontrar na singular ordenação do texto que aproxima tudo isso, essa essência de uma juventude mais jovem do que toda juventude. Sansão e Samuel tinham sido "consagrados" antes de terem sido germinados nas entranhas de suas mães. Esses dois nazireus não começaram seus naziratos por decisão própria, mas por ordem de Deus e pela promessa de uma mãe. Que importa? Começaram seu nazirato antes de nascer. Daí uma idéia que, quanto a mim, acho extraordinária e tive ocasião de apresentar no Colóquio, a propósito de um outro texto: o apego ao bem precede a escolha desse bem. Com efeito, como escolher o bem? O bem é bem precisamente porque o escolhe e o abraça antes que você tenha tido tempo de levantar os olhos para ele. *Formalmente*, ele contesta assim sua liberdade; mas se ninguém é bom por ter liberdade, ninguém é *escravo* do bem. Precisamente porque o outro que nos governa assim é bem, ele redime, por sua bondade, a violência feita à "liberdade" de antes da liberdade. Chegamos assim à idéia de uma consagração — de um nazirato — anterior à nossa idade de discernimento. O nazireu absoluto é mais velho do que sua vida. Extraordinária velhice! Mas com isso o nazireu absoluto traz, por toda a sua vida, a marca de uma juventude inimaginável, de antes da juventude, de que antecede a qualquer envelhecimento. Que anacronismo nos filhos de Israel! O nazirato não é a juventude do começo, é a juventude pré-original, anterior à entrada no tempo da história. "Os filhos desta tribo contam para o recenseamento antes de terem idade, desde sua presença nas entranhas de sua mãe", diz-nos a passagem do *Midrash Tanhuma* relativa a Números 3, 15, e que figura também em *Bereshit Rabá* 94, 1. Trata essa passagem da tribo de Levi, na qual nascem os sacerdotes e os consagrados ao Eterno. Trata da juventude absoluta de antes do tempo do mundo.

Mas isso, Senhoras e Senhores, não é apenas a juventude dos levitas e dos nazireus, é a juventude de Israel.

TERCEIRA LIÇÃO   **Dessacralização e desencantamento**

TRATADO DO *SINÉDRIO*, PP. 67a-68a

Mishna.

"O sedutor" é aquele que diz: "Vamos e entreguemo-nos ao culto das estrelas." O feiticeiro, caso exerça uma atividade, é passível de sanções, mas absolutamente não o é, se apenas finge. O rabi Akiva, em nome do rabi Josué: "Duas pessoas colhem pepinos; uma delas é passível de sanções, a outra é absolvida; a que exerce o ato é passível de sanções, a que finge é absolvida."

Guemara.

"O sedutor." O rav Judá declarou em nome do Rav: "Trata-se aqui de um sedutor em uma cidade infiel" (cf. Dt 13, 14).
"*O feiticeiro, se exerce uma atividade etc.*" Existe uma *braita*: "feiticeiro", seja homem ou mulher; mas costuma-se dizer "feiticeira", porque a maior parte das mulheres se ocupa de feitiçaria.
Como é necessário executá-las?
O rabi Iossi, o Galileu, disse: "Está escrito aqui (Ex 22, 18): 'Não deixarás a feiticeira viver', e está dito lá (Dt 20, 16): 'Não deixarás (viver) subsistir uma alma.' Como lá, pela espada, aqui também, pela espada."

O rabi Akiva disse: "Está escrito aqui (Ex 22, 18): 'Não deixarás a feiticeira viver', e está escrito lá (Ex 19, 13): 'Deve-se lapidá-lo... seja homem ou animal, deixará de viver.' Lá pela lapidação, aqui também pela lapidação."

O rabi Iossi lhe disse: "Tiro o argumento da igualdade dos seguintes termos: 'não deixarás viver', e tu tiras o argumento de 'não deixarás viver' e de 'ele acabaria de viver' (termos desiguais)."

O rabi Akiva respondeu: "Tiro o argumento para um israelita de israelitas para quem a Escritura prevê diversos tipos de morte. Tu tiras o argumento para um israelita de idólatras para quem a Escritura só previu um tipo de morte."

Ben Azai disse: "Está escrito (Ex 22, 18): 'Não deixarás a feiticeira viver', e logo depois (Ex 22, 19): 'Quem tiver relações com um animal será punido com a morte.' As duas coisas se aproximam. Ora, aquele que tiver relações com um animal deve ser lapidado; portanto, a feiticeira também."

O rabi Judá replicou: "Aproximar as duas coisas é motivo para não excluir a feiticeira da lapidação? Eis o verdadeiro raciocínio: Ov e Idôni (evocadores de mortes e fazedores de sortilégios) pertencem ao gênero das feiticeiras. Por que mencioná-los separadamente? (Dt 18, 10). Para raciocinar por analogia, assim como Ov e Idôni são passíveis de lapidação (Lv 20, 27), também o são os feiticeiros."

Mas é possível levantar a seguinte objeção ao rabi Judá: contra Ov e Idôni, dois versículos nos ensinam a mesma coisa. Ora, de dois versículos ensinando a mesma coisa não se pode tirar nada. O rabi Zacarias responde: "Isso indica precisamente que, segundo o rabi Judá, dois versículos dizendo a mesma coisa são doutrinadores."

O rabi João disse: "Por que se chama *kechafim* (feitiçaria)?" "Porque elas contestam a Assembléia do Alto (*Makhichin Famalia chel Maala*)." "Só Deus é o Eterno; não há absolutamente outro" (Dt 4, 35).

O rabi Haniná disse: "Isso se refere mesmo à feitiçaria"; história de uma mulher que ia juntar a poeira levantada pelos passos do rabi Haniná. Ele lhe disse: "Se podes, vai, faze-o." Porque está escrito (Dt 4, 35): "Não há absolutamente outro." Como é possível? Não disse o rabi João: "Por que se chama feitiçaria? Será porque elas contestam a Assembléia do Alto?" Para o rabi Haniná, era outra coisa, porque ele tinha muitos méritos.

O rabi Aibu bar Nagari disse, em nome do rabi Hia bar Abba: "Feita por *Latehem* (cf. por exemplo Ex 7, 22), a ação mágica é ação de demônios; feita por *Lahatehem*, a ação mágica é coisa de feitiçaria. Não está dito 'a lâmina da espada flamejante (voltando-se: *Lahat hacherev hamithapechet*)'?" (Gênesis 3, 24.)

Abaiê disse: "Quando o feiticeiro se atém com rigor a um determinado material, a magia se faz através dos demônios; se não, é a feitiçaria."

Abaiê disse: "A Halachá sobre a feitiçaria parece-se com a Halachá sobre o Shabat." Há atos para os quais é possível a lapidação, há da mesma forma os que não são puníveis, mas são proibidos; há ainda aqueles que, desde o início, estão autorizados. Aquele que exerce um ato é lapidado, aquele que dá a ilusão não é passível de punição, mas consuma um ato proibido; há o ato desde o início autorizado como aqueles do rabi Haniná e do rabi Uchia que, em todas as vésperas do Shabat, estudavam a doutrina da Criação, criavam um bezerro até a terça parte de sua maturidade e o consumiam.

O rav Achi contou: "Vi uma vez Abu de Karna se assoar e saírem bolas de seda de suas narinas."

Então os mágicos disseram ao faraó (Ex 9, 15): "O dedo de Deus está lá." O rabi Eliezer disse: "Disso aprendemos que o demônio não pode criar um ser menor do que um grão de cevada."

O rav Papa disse: "Por Deus, ele não pode criar nem um ser grande como um camelo, mas é capaz de convocá-lo; e absolutamente não aqueles que são menores do que um grão de cevada."

Rav contou ao rabi Hia: um dia vi um árabe cortar um camelo com sua espada. De repente, tocou tambor diante dele, e o camelo ressuscitou. O rabi Hia replicou: "Você encontrou (depois dessa operação) sangue e esterco? Foi apenas uma ilusão."

Zeéri foi um dia a Alexandria do Egito e comprou um jumento. Quando quis dar-lhe de beber, o encanto se rompeu e ele se achou sentado sobre o tronco de uma pinguela. Então os outros lhe disseram: "Se tu não fosses Zeéri, não te daríamos dinheiro, porque aqui ninguém compra sem fazer a prova da água ao comprar."

Um dia, Ianai chegou a uma hospedaria e pediu água para beber. Quando uma mulher estendeu-lhe a *chetitá*, percebeu que seus lábios se mexiam. Jogou um pouquinho no chão: eram escorpiões. Então ele lhe disse: "Bebi da sua, beba da minha." Quando ela bebeu, transformou-se em jumento. Ele montou no jumento e assim saiu pela rua. Lá, uma amiga da mulher rompeu a feitiçaria e viu-se Ianai montado numa mulher.

"E a rã subiu e cobriu toda a terra do Egito..." (Ex 8, 2.) O rabi Elazar disse: não houve mais do que uma rã, mas ela proliferou e encheu toda a terra do Egito. É uma discussão que os tanaítas já tiveram; o rabi Akiva disse: houve apenas uma rã e encheu todo o país do Egito. O rabi Eliezer ben Azaria replicou-lhe: "Akiva, Akiva, por que te misturas com Agadá, encerra tuas palavras e volta-te para o problema da lepra e das tendas. Não houve mais do que uma rã, mas ela coaxou chamando todas as outras e elas vieram."

O rabi Akiva disse... etc. É, portanto, o rabi Josué que ensina a coisa ao rabi Akiva. Ora, temos uma *tossefta*, quando o rabi Eliezer caiu doente, o rabi Akiva e seus companheiros foram visitá-lo. O doente estava em sua alcova, eles no vestíbulo. Era véspera do Shabat. Hurkenot, filho dele, entrou para tirar seus *tefilim*. O rabi Eliezer irritou-se com ele, que se afastou sob a cólera do pai. Então ele disse aos companheiros: "Dir-se-á que o pai perdeu a razão." O rabi Eliezer replicou: "O filho e a mãe é que perderam a razão; eles se desinteressaram pela proibição que ameaça de lapidação e se preocuparam com aquilo que simplesmente não convém a um dia solene." Quando os doutores da Lei viram que ele tinha toda a razão, entraram e se sentaram à distância de quatro côvados.

Disse-lhes ele: "Por que vocês vieram?" Eles responderam: "Para estudar a Torá." Disse-lhes ele: "E até agora, por que vocês não tinham vindo?" Eles responderam: "Não tínhamos tempo." Disse-lhes ele: "Eu ficaria espantado se vocês morressem de morte natural!" O rabi Akiva perguntou: "E eu?"

Respondeu ele: "Sua sorte é mais dura do que a deles." Pôs os dois braços sobre o coração e disse: "Infelizes de vocês. Meus dois braços parecem-se com dois rolos da Torá fechados. Aprendi muito com a Torá e muito ensinei. Aprendi muito com a Torá e não colhi de meus mestres mais do que colhe um cão lambendo o mar. Ensinei muito a Torá, mas meus alunos não aprenderam quase nada comigo. Mais ainda: ensino trezentas coisas sobre a lepra branca e não houve ninguém que me perguntasse sobre isso, e ensino trezentas coisas — alguns dizem três mil coisas — sobre a plantação dos pepinos e nunca ninguém me perguntou sobre isso fora Akiva, filho de Josefo. Um dia estávamos caminhando e ele me disse: 'Mestre, ensina-me sobre a plantação de pepinos. Eu disse uma palavra e o campo se encheu de pepinos.' Disse-me ele: 'Mestre, me ensinaste sobre a plantação, ensina-me a colhê-los.' Eu disse uma palavra e eles se amontoaram num só lugar."

Então eles (os sábios que foram em visita à casa do rabi Eliezer) disseram: "E quanto à bola, à forma, ao amuleto, ao saco de cápsulas e ao pequeno peso?" Respondeu ele: "Tornaram-se impuros e precisam ser purificados sem modificação."

"E quanto ao sapato que está na forma?" Disse ele: Permanece puro. E sua alma libertou-se na pureza (como ele pronunciava a palavra "puro")."

O rabi Josué se levantou e disse: "Acabou-se a proibição, acabou-se a proibição."

No fim do Shabat, o rabi Akiva encontrou o caixão do rabi Eliezer na estrada indo de Cesaréia para Lude. Bateu no peito até sangrar. Diante da fila (de pessoas vestindo luto) ele tomou a palavra: "Meu pai, meu pai, carro de Israel e seus cavaleiros! Tenho muito dinheiro, mas não há cambista para trocá-lo."

Foi então com o rabi Eliezer que Akiva aprendeu isso. O rabi Eliezer certamente o ensinou, mas não de forma inteligível. Então, numa segunda vez, ele aprendeu com o rabi Josué, que tornou isso compreensível.

Mas como pôde ser assim? Não aprendemos que "aquele que exerce o ato é passível de sanções"? É outra coisa quando se trata de aprender. O mestre diz, realmente (Dt 18, 9): "Não aprendas a fazer abominações." Não deves aprender a fazê-las, mas deves aprender para compreender e para ensinar.

DO SAGRADO AO SANTO

DESSACRALIZAÇÃO E DESENCANTAMENTO

O sagrado e o santo.

> The earth hath bubbles, as the water has...
> (SHAKESPEARE, Macbeth I, 3)

Não insistirei sobre a minha incompetência diante dos textos que tenho para comentar. Penso muito sinceramente que a ciência judaica está muito desenvolvida na França; o pensamento judeu é ensinado por toda parte, e em conseqüência não me sinto totalmente seguro de estar à altura da tarefa que aceitei por tradição, tradição de doze colóquios. Peço-vos então que sejam extremamente indulgentes em relação a mim.

Também não tenho tido a possibilidade, observem bem, de estudar todos os textos talmúdicos que dizem respeito ao sagrado. Porém, o que é mais grave ainda, no próprio texto que escolhi, é que parece que o sagrado não está em questão. Trata-se, de resto, de um texto muito insólito, apesar dos eufemismos incluídos na tradução que temos diante de nós. Não sei se o professor Baruk, que nos dá a honra de presidir esta sessão, aceitará meu modo de comentar; a favor desse modo temos os hábitos do colóquio e o hábito de algumas pessoas de nosso auditório. Que os outros não fiquem escandalizados.

A Mishna não fala absolutamente do sagrado. Trabalhando este texto, que é o melhor texto talmúdico, sem dúvida — como são sempre os textos com que trabalhamos —, julguei, entretanto, que ele é perfeitamente atual.

Sempre me perguntam se a santidade, quer dizer, a separação ou a pureza, a essência sem mistura que se pode chamar de

Espírito e que anima o judaísmo — ou à qual o judaísmo aspira — pode permanecer num mundo que não seria dessacralizado. Perguntam-me — e aí está o verdadeiro problema — se o mundo está bastante dessacralizado para acolher uma tal pureza. O sagrado, na verdade, é a penumbra em que floresce a feitiçaria que o judaísmo tem como um horror. O "outro lado", o verso ou o reverso do real, o nada condensado em mistério, bolhas do nada nas coisas — "disfarces" nos objetos do cotidiano —, o sagrado reveste-se do prestígio dos prestígios. A revelação recusa esses maus segredos. Recusa de que dão testemunho, especialmente, estas páginas 67*a*-68*a* do Tratado do *Sinédrio*. Estes textos, por suas definições da feitiçaria — os textos sugerem muitas delas —, permitem talvez distinguir o santo do sagrado, para além das semelhanças formais ou estruturais evocadas aqui nesta manhã, quando se tentava denunciar e deplorar a degenerescência do sagrado no mundo moderno.

A feitiçaria, prima irmã, senão irmã do sagrado — parenta um pouco decaída mas que, na família, aproveita as relações de seu irmão, aceito no mundo mais considerado —, é a mestra da aparência.

A sociedade verdadeiramente dessacralizada seria então uma sociedade na qual cessaria esse embuste impuro da feitiçaria, difundido por toda parte, que antes faz viver do que aliena o sagrado. A verdadeira dessacralização tentaria separar positivamente o verdadeiro da aparência, talvez até separar o verdadeiro da aparência *essencialmente* misturada com ele. É nessa perspectiva — não quero outra introdução — que o texto a ser comentado toca de perto o assunto do nosso colóquio.

Feitiçaria e proveitos.

Na Mishna, vou buscar a primeira frase, que não será desenvolvida na passagem traduzida, e que não se refere ao nosso problema. Comecemos aqui:

> "O feiticeiro, caso exerça uma atividade, é passível de sanções..."

É passível de sanções se o ato de feitiçaria entra no circuito de uma atividade que tenha uma finalidade que ultrapasse o simples jogo de ilusões.

> "... mas de modo algum se fica apenas na ilusão". O rabi Akiva, em nome do rabi Josué, disse: "Duas pessoas colhem pepinos, uma delas é passível de sanções, outra é absolvida, aquela que exerce o ato é passível de sanções, aquela que disso dá ilusão é absolvida."

A Mishna — que só assumirá todo seu sentido através da amplificação do problema que a Guemara terá suscitado através das questões novas que vão desencadear suas próprias questões e através dos sentidos não explícitos que vão aparecer no sentido por ela enunciado — distingue entre a feitiçaria que tenta provocar ilusões e aquela que tenta tirar proveito. No exemplo citado, trata-se de um feiticeiro não muito exigente; não comercia com um produto muito caro, é um pobre feiticeiro que produz pepinos em um campo. Ficar na ilusão não chega a ser coisa grave, mas se o feiticeiro *colhe* os pepinos, se a ilusão chega a se integrar a um processo econômico — e a vida econômica moderna é, afinal, o lugar privilegiado da colheita de pepinos ilusórios e de gordos proveitos que se tiram de uma tal safra —, a feitiçaria torna-se um ato criminoso. É passível de sanções. De que sanções? A pergunta não importa a nossa curiosidade de juristas, mas à determinação das condições metafísicas da feitiçaria e da família a que ela pertence. Isso será determinado não pela natureza da sanção, mas pela maneira através da qual o Talmude terá chegado à descoberta. Veremos isso imediatamente.

Por que feiticeira?

Abordarei agora a Guemara. Passemos por cima da primeira frase relativa ao finzinho da Mishna, estranha ao nosso tema. Leiamos o seguinte:

> O feiticeiro, caso exerça uma atividade etc.
> Existe uma *braita*: o texto diz "feiticeira" quer se trate de homem ou de mulher; mas dizemos "feiticeira", porque a maior parte das mulheres se ocupa de feitiçaria.

No versículo bíblico que condena a pessoa dedicada à feitiçaria, ela é chamada de feiticeira (Ex 22, 18 [na Vulgata, 22, 17]). Não saberíamos tomar ao pé da letra esse texto da Guemara. Sara não se ocupava da feitiçaria, nem Rebeca, nem Raquel, nem Léa, nem Rute, nem Betsabá. Estejam tranqüilos quanto à dignidade da mulher bíblica. Estejam tranqüilos quanto à dignidade do feminino em si.

Não é menos verdade que, por toda parte em que os homens dominam a sociedade, um certo equívoco se prende à humanidade da mulher: ela é mais especialmente evocadora

DO SAGRADO AO SANTO

da sexualidade e do erotismo, desdobrando de algum modo sua humanidade em uma ambigüidade — ou no enigma — de sublimação e de profundeza, de pudor e de obscenidade. Pode-se, é claro, perguntar se essa dominação masculina é puramente contingente, e se a emancipação da mulher não significa sua entrada — de modo completo, bem entendido — em uma sociedade na qual entretanto os homens terão fixado a forma de uma universalidade mais significativa do que a sexualidade, e na qual eles terão definido um humano sexualmente neutro que não reprime o sexual. Deixemos essas questões teóricas. Em nossa sociedade, por avançada que ela seja, a mulher circula maquiada e, neste caso, a aparência equivale, em plena consciência, ao *ser*. As "reuniões de negócios" se distinguem daquelas nas quais as mulheres são admitidas como mulheres; um além aí prolonga o campo rigoroso da presença: dá-se o impossível e o dito se desdiz dizendo-se; a ilusão — metáfora, eufemismo, lítotes — se associa ao real e o torna um encantamento.

Encantamento ou escorregão latente do Sentido, nascimento da própria duplicidade, da expressão renegando o pensamento: a graça do rosto já se transmudando no horrível ríctus de feiticeiras em seus valhacoutos de *Macbeth* e do *Fausto*, nos quais os propósitos se fundem, incapazes de conter um sentido idêntico, e se perdem em alusões, em rimas sem razão, em chacotas, em não-dito.

É a partir de uma certa degradação do feminino — mas cada essência é responsável por seus modos próprios de degradação — que operaria o encantamento da feitiçaria; aparência no *próprio coração* do verdadeiro, dissolução do verdadeiro pelos recursos imperceptíveis da aparência, o não-verdadeiro acolhido em sua irrealidade como traço do supra-real; os equívocos sentidos como enigmas; e, na *bagatelle* [o ato físico do amor], sentida como êxtase do Sagrado, a lei suspensa.

Quanto aos feiticeiros, não é preciso deixá-los viver! Mas definiremos, através da dedução da natureza do suplício que mereceram, as modalidades do sagrado que evocavam hoje cedo Emile Touati e seus interlocutores. Solicitando os textos, é claro, mas trata-se de textos que solicitam a solicitação, sem o que se tornam mudos ou incongruentes.

A essência da feitiçaria.

> Como executá-las? O rabi Iossi, o Galileu, diz: "Está escrito aqui (Ex 22, 18): 'Não deixarás a feiticeira viver'; e lá (Dt 20, 16): 'Não deixarás (viver) subsistir uma alma.' Lá, pela espada, aqui também, pela espada."

No Deuteronômio e no Êxodo acha-se, de fato, a mesma expressão: "Não deixarás viver." Analogia da expressão que implicaria a mesma sanção. Ora, na legislação da Torá, os doutores distinguem quatro maneiras de punir com a morte: por lapidação, pelo fogo, pela espada e por estrangulamento. Que as almas sensíveis me perdoem, punição de morte raramente aplicada. Um Sinédrio que tivesse condenado à morte um acusado uma vez em sete anos mereceria o epíteto de nocivo, diz o Tratado de *Makot* (p. 7a). O rabi Eliezer ben Azaria diz: "Esse epíteto seria justo ainda que ele proferisse tal sentença uma vez em setenta anos." O rabi Tarfon e o rabi Akiva dizem: "Durante todo o tempo em que estivemos no Sinédrio, ninguém foi condenado à morte."

Mas as culpas passíveis de morte existem, e a própria forma de suplício permite aproximá-las e deduzir o significado essencial dos atos. O rabi Iossi, o Galileu, diz que a feiticeira deve perecer pela espada. Por quê? Porque no Deuteronômio, a fórmula "Não deixarás viver" se refere à famosa exterminação pela espada das tribos cananéias "vomitadas pela terra por causa de suas abominações", segundo o propósito das Escrituras, na qual a inspiração moral me parece mais certa do que o testemunho histórico. Essas crueldades — lapidação, fogo, espada, estrangulamento — não são, a partir daí, mais do que uma linguagem necessária à manutenção da diferença que opõe o bem e o mal e distingue mal e mal. Não é preciso que se perca no estilo untuoso e complacente do "compreender tudo" e do "tudo perdoar", que se parece precisamente com um ronronar. É preciso, portanto, executar pela espada os feiticeiros, segundo o rabi Iossi, o Galileu. Talvez. O que é muito mais interessante é a categoria à qual, segundo esse doutor, se liga a feitiçaria. E, para nós, o sagrado de que ela procede: a feitiçaria pertenceria à civilização dos povos perversos (historicamente perversos? Que importa. Sou pela compreensão do sentido diante da conjuntura dos dados tais como os querem os textos). Povos a tal ponto perversos que a terra os vomita. A feitiçaria seria então um fenômeno de perversão, absolutamente estranho ao próprio judaísmo. É o sagrado dos outros!

> O rabi Akiva disse: "... Está escrito aqui (Ex 22, 18): 'Não deixarás a feiticeira viver', e está escrito lá (Ex 19, 13): 'Deve-se lapidá-lo, homem ou animal, deixarão de viver.' Como lá se executa pela lapidação, da mesma forma aqui se executa pela lapidação."

O doce rabi Akiva nunca condenou ninguém à morte no Sinédrio! Mas o essencial está na aproximação dos textos: a abertura de um ponto moral sobre outro, a iluminação de uma paisagem por outra. Em Êxodo 19, 13, a lapidação ameaça os israelitas, que, reunidos ao pé do Sinai, arriscam-se a ultrapassar os limites em que devem se manter no momento da Revelação.

Como a expressão empregada em Êxodo 22, 18, "não a deixarás viver", relativa à condenação à morte da feiticeira, parece-se com "eles deixarão de viver", relacionada com as imprudências dos israelitas reunidos ao pé do Sinai ameaçados de lapidação, a lapidação deveria tocar também à feiticeira. O rabi Akiva exige para ela uma morte muito mais cruel do que o rabi Iossi. O doce rabi Akiva! Mas a aproximação dos textos é instrutiva. Traz-nos uma segunda interpretação do ilusionismo aproveitador da feiticeira: não se trata de um fenômeno estranho, é a tentação do povo chamado à Revelação. A feitiçaria é o fato de olhar para além daquilo que é possível ver. É, para além dos limites em que é preciso se manter próximo da verdade, sair dos limites e não se deter a tempo. São os criados que vêem mais do que seus patrões; faço alusão a um Midrash em que a criada está orgulhosa por ter visto o rei, enquanto a princesa, que passou apoiada sobre o braço da criada, fechou os olhos — mas tinha estado muito mais próxima da majestade do rei, por esse não-olhar, do que a criada que havia olhado. A feitiçaria é a curiosidade que se manifesta quando é preciso baixar os olhos, a indiscrição a respeito do Divino, a insensibilidade diante do mistério, a claridade projetada sobre aquele cuja aproximação exige pudor, algumas formas do "freudismo", talvez também certas exigências da educação sexual, pouco cuidadosas da linguagem inaudita que tal educação pede, algumas formas, enfim, da própria vida sexual; talvez, até, algumas exigências da "ciência para todos".

A partir daí, a polêmica:

> O rabi Iossi lhe disse: "Estabeleço meu argumento a partir da igualdade dos termos 'não deixarás viver', e tu estabeleces teu argumento de 'não deixarás viver'... que aproximas de 'e ele deixará de viver'."

A analogia de fato não é rigorosa entre os termos dos dois textos:

> O rabi Akiva responde: "Estabeleço meu argumento para um israelita de israelitas, para quem a Escritura prevê diversas formas de morte; quanto a ti, estabeleces argumento para um israelita de idólatras, para quem a Escritura não previu senão uma única forma de morte.

O rabi Akiva reconhecia aqui que o sentido de seu argumento consiste, precisamente, em não compreender a feitiçaria como uma perversão pagã. É uma perversão do próprio povo santo. A feitiçaria não vem de más influências, ela é o descomedimento do próprio saber, para além daquilo que se pode apoiar no verdadeiro, a ilusão que resulta do verdadeiro insuportável e que tenta do próprio fundo o verdadeiro; perversão judia, quer dizer, perversão de todos aqueles que podem se elevar ao verdadeiro, de todos aqueles que se reúnem ao pé do Sinai.

> Ben Azai disse: "Está dito (Ex 22, 18): 'Não deixarás a feiticeira viver', e logo depois (Ex 22, 19): 'Quem tiver relações com um animal será condenado à morte.' Os dois casos

se aproximam. Ora, aquele que tiver relações com um animal deve ser lapidado; portanto, a feiticeira também."

Aqui a prova foi tirada não pela analogia entre as expressões, mas pela vizinhança dos versículos. A feitiçaria nasce do vício. Não se trata de civilização perversa nem de curiosidade sem freio. Os doutores da Lei sabem que o vício constitui uma categoria irredutível a qualquer outro mal, que traz à humanidade um problema à parte, ultrapassando o limite das soluções universais, zombando da justiça social. Sem dúvida vocês conhecem o estranho Midrash do tratado do *Sinédrio* que Rachi retoma em seu comentário de Gênesis 8, 7: o corvo que Noé envia para fora da arca, para saber se as águas baixaram sobre a terra, recusa-se a deixar a arca; não quer deixar sua fêmea só com Noé. É possível um mundo novo em que a justiça enfim vá reinar? Alguém na arca de Noé duvida disso. A justiça que se pode com rigor esperar de uma revolução resolverá o problema introduzido pelo vício?

> O rabi Judá replica: "O fato de serem os dois casos próximos é razão suficiente para não livrar a feiticeira da lapidação?"

É a voz da misericórdia que se ouve afinal? O rabi Judá parece dizer: vai-se lapidar uma mulher por causa de dois versículos próximos? Não sejamos otimistas, o rabi Judá não quer poupar a feiticeira, ele considera necessário que haja uma razão melhor para executá-la, eis tudo. Ou melhor, ele busca de algum modo a essência da feitiçaria.

> Eis o verdadeiro raciocínio: Ov e Idôni ("necromantes" e fazedores de sortilégios) pertencem ao gênero das feiticei-

ras. Por que (Dt 18, 10) mencioná-los à parte? Para raciocinar por analogia: assim como Ov e Idôni são passíveis de lapidação (Lv 20, 27), também o são os feiticeiros.

A feitiçaria é um gênero cuja espécie conhecemos, e o tratamento infligido aos dessa espécie — a lapidação — estende-se ao gênero. Eis o argumento, quanto a seu aspecto formal. Que ensina ele sobre a feitiçaria? A espécie que esclarece sobre o gênero engloba aqui os necromantes. Conhecemo-los pela história do rei Saul, que começou por purificar seu reino, segundo a exigência do Êxodo, exterminando a feitiçaria, incluídos aí os necromantes. Mas no fim de seu reinado viu-se diante da obrigação de recorrer ao poder deles; a queda de Saul está marcada por ter recorrido ao mal que ele próprio conjurara: uma necromante — *Echeth baalath Ov* (1Sm 28, 7) — faz sair, a pedido seu, o profeta Samuel do reino dos mortos, e o rei o interroga sobre o futuro que o espera. Ov e Idôni, destinados à lapidação, são então aqueles que interrogam os mortos: os escravos da tradição. Nova forma de degradação do sagrado: o sagrado do intangível passado. Mas talvez também, na busca de presságios, o sagrado daqueles que fazem virar as mesas e que interrogam horóscopos; o sagrado mais grosseiro, o da superstição e do espiritismo; o espiritualismo espírita.

Poder sobre o homem.

Mas, desde logo, problema filosófico: como é possível uma degradação? Como a santidade pode se confundir com o sagrado e virar feitiçaria? Como o sagrado pode se transformar em encantamento, em poder sobre os homens?

O rabi João disse: "Por que a feitiçaria é chamada *kechafim*? Porque ela contesta a Assembléia do Alto."

De fato, se vocês escreverem em hebraico a fórmula: "Eles contestam a Assembléia do Alto", *makhichin famalia chel maala*, aí encontrarão as letras "k", "ch", "f", "m", formando a palavra *kechafim* (não tratamos das vogais!), que significa feitiçaria. Processo, claro, que nenhuma etimologia séria justificaria, mas enuncia-se uma idéia interessante: o sentido da feitiçaria seria uma contestação da ordem mais alta. Contestação do Absoluto. O diabólico, o luciferiano *não*. O mágico diz *não* à ordem mais alta. Mas como é possível? De onde viria esse *não*, no *sim* do Absoluto? Nada está fora dele para se opor a ele. Louca idéia essa de um sagrado que se degrada! Isso nunca foi o Absoluto, é seu simulacro! Como a suprema presença seria afastada de si própria? Espinosa nos ensina exatamente o caminho do pensamento que leva a Deus, mas nunca conseguiu demonstrar como Deus se afasta de si próprio para dar lugar a um conhecimento do primeiro gênero que substitui sua idéia. A menos que a feitiçaria — dessacralização do sagrado — tenha algum modo de existência inédito, entre o ser e o nada, na loucura das cabeças humanas. Ela não é nada para a pessoa ou a civilização que tinham atingido o sagrado verdadeiro — a santidade — a serviço do Mais Alto. Não as ameaça. Não as tenta.

É precisamente essa posição que o rabi Haniná defende.

Não há feitiçaria...

> Disse o rabi Haniná (Dt 4, 35): "O Eterno só Deus é; e não há absolutamente outro."

Não há outro Deus; não há outro de Deus, isso é que a tradição sempre concluiu: fora de Deus não há nada de outro. Não há nada de outro, Deus é a única realidade.

> E o rabi Haniná disse: "Isso se refere mesmo à feitiçaria..."

Não há feitiçaria!

> "... História de uma mulher que ia juntar a poeira atrás dos passos do rabi Haniná."

Pretendia ela que lhe fosse dada a feitiçaria juntando a poeira atrás de seus passos, que isso lhe daria poderes.

> Ele lhe disse, tranqüilamente: "Se podes, vá, faze-o." Porque está escrito: "Não há absolutamente outro."

Quer dizer: se tu podes fazer alguma coisa contra mim é porque o Altíssimo o quer, e se ele não quer, não poderás fazer nada. Rio-me da poeira que juntas atrás dos meus passos.
Mas não é essa posição que acaba de ser contestada pelo rabi João?

> Como é possível? Não disse o rabi João: "Por que chamamos isso de feitiçaria?" Porque eles contestam a Assembléia do Alto.

É então perfeitamente possível contestar a Assembléia do Alto... Por que o rabi Haniná zombava da feitiçaria? Resposta:

Para o rabi Haniná, era diferente, porque ele teve muitos méritos.

... ou ela vem da fraqueza humana.

O brilho e o reinado da Assembléia do Alto só penetram o mundo se forem acolhidos por homens que vêem essa luz e essa força. O Absoluto só expulsa as aparências do absoluto daquele que gruda no Absoluto: na plena atenção ao Altíssimo, nada pode me surpreender. Nenhum traumatismo possível; o *não* só se introduz no ser quando a atenção se relaxa. O diabólico se inscreve nas possibilidades do homem chamado à vigilância. Só assim é possível. Não é Deus que se retira do mundo, é o homem que se fecha para Deus, no mínimo piscando os olhos e interrompendo assim, pelo negro das reticências, a luz contínua de seu olhar vigilante.

A partir daí, assistimos à maneira pela qual o nada da feitiçaria se introduz no real. O texto que estamos comentando parece decididamente seguir um plano, ser composto. Não se trata de um aluvião da história folclórica.

> O rabi Aibu bar Nagari disse, em nome do rabi Hia bar Abba: "Feita por *Latehem* (expressão que se acha em Ex 7, 22), a ação mágica é ação de demônios; feita por *Lahatehem* (Ex 7, 11), a ação mágica é coisa de feitiçaria. Não se disse (Gn 3, 24): 'A lâmina da espada flamejava (voltando-se: *lahat hacherev hamithapechet?*)'?"

Dois aspectos da magia: a magia praticada por *Latehem* e a magia exercida por *Lahatehem*. Com onze versículos de intervalo, o Êxodo, mencionando a maneira pela qual os mágicos do faraó repetem, graças a seus próprios sortilégios, os prodígios pelos quais Moisés e Aarão querem se impor ao faraó, designa esses sortilégios ora pela palavra *Latehem*, ora pela palavra *Lahatehem*.

Ora, em Gênesis 3, 24, quando está em causa a espada que vai e que volta à porta do paraíso de onde Adão e Eva foram expulsos, emprega-se a palavra *Lahat*, que significa lâmina de espada. A lâmina de espada, armamento dessa estranha guarda sem humanos que se postava à porta do paraíso, voltava automaticamente. Os efeitos, obtidos por *Lahatehem*, pertenceriam a uma outra espécie da magia e indicariam um recurso a um material especial.

> Abaiê disse: "Quando o feiticeiro se restringe com rigor a um material determinado, a magia é obra de demônios; se não, é simplesmente a feitiçaria."

Singular diferença entre a feitiçaria como obra de demônios e feitiçaria sem intermediário! A primeira não indicaria aquela que se introduz na técnica, o sagrado degenerado em ilusões da técnica? Ao lado de uma técnica razoável, posta a serviço das finalidades humanas, uma técnica como fonte de ilusão; técnica que permite produzir pepinos e vendê-los: a técnica desenvolvida pelos beneficiários das especulações na Bolsa.

Interiorização e magia.

E a outra magia? Aquela que dispensa instrumentos, aquela de pura murmuração, puro sopro? Talvez a da espiritualização, a magia da interiorização, a possibilidade de superar os conflitos "interiorizando" os problemas, resolvendo-os através de recursos às boas intenções, consentindo no crime graças a todas as maravilhas da reserva mental! A magia interior de recursos infinitos: tudo é permitido na vida interior, tudo é permitido, até o crime. Abolição das leis em nome do amor; possibilidade de servir o homem sem fazer o homem servir; abolir o Shabat sob o pretexto de que o homem não é para o Shabat, o Shabat é que é para o homem. O Shabat não é o lugar principal da contestação da Lei?

> Abaiê disse: a Halachá sobre a feitiçaria parece-se com a Halachá sobre o Shabat.

Feitiçaria e sabá.

Tranqüilizem-se, a comparação com a Halachá da feitiçaria só se sustenta pela legislação relativa às proibições sabáticas. Há nesse caso semelhanças estruturais. Na legislação relativa ao Shabat:

> Há atos que são passíveis de lapidação, há os que não o são, mas são proibidos; há os que, desde o início, são autorizados.

Três graus: o autorizado, o proibido mas não passível de punição, o proibido e passível de punição. O mesmo quanto à feitiçaria.

> Aquele que exerce um ato é lapidado — aquele que colhe os pepinos —, aquele que dá a ilusão não é passível de punição, mas consuma um ato proibido; há o ato desde o início

autorizado, como aquele do rabi Haniná e do rabi Uchia, que, todas as vésperas de Shabat, estudavam a doutrina da criação, criavam um novilho à terça parte de sua maturidade e o consumiam.

O rav Uchia e o rav Haniná faziam uma coisa autorizada? É uma coisa autorizada. Se vocês conhecem os mistérios da criação, podem, como o Maharal de Praga, fabricar um objeto de aparência sobrenatural. Há autorização para isso. Esse texto audacioso nos ensina, entretanto, o ridículo que haveria em impor limites às possibilidades humanas. Abaixo as superstições reacionárias e os pavores diante do progresso técnico! Desde que não se abuse da ilusão, pode-se tudo ousar, até a fabricação da carne sintética. Isso não é feitiçaria. Carne sintética, sim, mas carne para Shabat. Não se trata de um detalhe. São permitidos sonhos mais audaciosos ainda, desde que o Shabat permaneça: a soberania do homem capaz de furtar-se a contragosto à ordem, às necessidades e à engrenagem das coisas. A comparação entre as leis que regem a feitiçaria e as leis que regem a transgressão do Shabat não são, portanto, puramente estruturais. A lei do Shabat marca o limite entre a técnica e a feitiçaria. A feitiçaria, num certo sentido, é a profanação do Shabat.

A semelhança estrutural não é menos sustentável. O trabalho de Shabat comporta proibições incondicionais; mas, ao lado de ações absolutamente proibidas, há as que não são recomendáveis, ainda que, consumadas, não exijam uma sanção (vestir os *tefilim* no dia de Shabat, por exemplo), e ações geralmente proibidas que, sob certas condições, são autorizadas, como todas aquelas que as condições de um homem doente ou em perigo exigem. Quando, na juventude, Hillel, o Ancião, para seguir, através de uma lucarna, a lição de Chemaia e de Avtalião, expôs-se ao frio em cima do telhado da casa de estudos, o dia de Shabat foi profanado a fim de que todas as medidas necessárias para reaquecê-lo pudessem ser tomadas. Não se pensava em proibições. Do mesmo modo, o rav Haniná e o rav Uchia não cuidavam de proibição de feitiçaria criando um novilho até o terço de sua maturidade para dele fazer um assado de Shabat.

Sou sempre tocado a perceber, através das discussões jurídicas ou das comparações puramente formais da Guemara, louvores significativos e que provavelmente são o essencial. Que a feitiçaria possa ser comparada à transgressão do Shabat — por oposição àqueles que chamaram delicadamente de sabá os encontros das feiticeiras — é coisa muito notável. Que o Shabat seja, afinal de contas, *para o homem*, mas que só possa ser para o homem se toda uma legislação o preservar do homem e de seus abusos — e da feitiçaria da interiorização, como podemos chamar agora a magia do murmúrio — é mais notável ainda.

Pequenos casos.

Entramos agora por um caminho aparentemente anedótico: casinhos de feitiçaria contados por velhos sábios que se distraem. A conversação habitual dos sábios, *Sichath houlin chel Talmidei hahamim*, tem, entretanto, um sentido.

> Contou o rav Achi: "Uma vez vi Abu de Karna assoar-se e saírem bolas de seda de suas narinas."

Trata-se provavelmente daqueles que manipulam universos por simples jogos de escrita; compram e vendem num canto de escritório vagões de trigo e navios de petróleo e deslumbram nossos frágeis olhos.

Um outro caso e o mesmo problema: há algum tipo de criação na feitiçaria? Não, não há criação na feitiçaria; os feiticeiros — não li o texto que se segue, faço uma paráfrase aproximada — não são capazes de criar nem o ser mais insignificante, nem o maior ser, só podem criar seres já existentes, deslocam as coisas. Operam "truques" para reuni-los quando estão dispersos, para fazer com que apareçam fazendo-os vir de algum lugar. Confusão, rebuliço, mas nada de novo.

Eis:

> Rav contava ao rabi Hia: "Um dia vi um árabe cortar um camelo com sua espada. De repente, tocou tambor diante dele, e o camelo ressuscitou." O rabi Hia replicou: "Você encontrou (depois dessa operação) sangue e esterco? Tratava-se apenas de uma ilusão."

Claro, os feiticeiros não têm poder sobre o vivente. Conheço, nesse caso, uma literatura completa de conflitos e de problemas patéticos, em situações paradoxais em que não há uma lágrima, nem uma só gota de sangue quente, nem um tostão de verdadeira dor humana. Ah, se restasse somente um pouco de esterco quente depois de todos esses dramas e essas crises! Mas é apenas desperdício de papel...

Outra história:

> Zeéri chegou um dia a Alexandria do Egito e comprou um jumento.

Alexandria do Egito significa uma cidade de refinada civilização, uma metrópole, uma de nossas grandes capitais.

> Quando quis dar de beber ao jumento, o encanto se rompeu e ele se viu sentado sobre o tronco de uma pinguela.

O burrinho era apenas um tronco. Quando ele quis dar água ao jumento, o encanto se rompeu; consta que a água reduz de fato o poder da feitiçaria, a água desencanta. Principalmente a água fria.

> Então, os outros lhe disseram: "Se tu não fosses Zeéri, não te daríamos dinheiro, porque aqui ninguém compra sem provar com a água o que está comprando."

O mundo moderno.

Nenhuma coisa é tão idêntica a si própria. A feitiçaria é isso, o mundo moderno, nada é idêntico a ele. Ninguém é idêntico a ele, nada se diz, porque nenhuma palavra tem sentido próprio, toda palavra é um sopro mágico; ninguém escuta o que você diz; todo mundo supõe, por trás de suas palavras não ditas, um condicionamento, uma ideologia.

Novo caso com sentido semelhante:

> Um dia, Ianai foi a um albergue e pediu água para beber. Quando uma mulher estendeu-lhe a *chetitá*, ele percebeu que seus lábios se mexiam. Derramou um pouco de água no chão: eram escorpiões. Então, ele lhe disse: "Bebi da sua, beba da minha." Quando ela bebeu, transformou-se em jumento. Ele

montou no jumento e saiu assim pela rua. Lá, uma amiga da mulher rompeu o encantamento e viu-se Ianai montado em uma mulher.

Rashi acrescenta: "Por isso mesmo é que o texto não chama Ianai de rav Ianai; não quer que o título de rav fique ligado a um homem aparecido na rua no dorso de uma mulher."

Último exemplo: a famosa rã chegada ao Egito como segunda praga. O texto do Êxodo diz *tsfardea*, no singular. Cria-se então um problema: não havia uma rã enorme cobrindo todo o Egito? Isso teria sido horrível, parecendo mais *O cadáver de Amadeu ou como se livrar dele*, de Ionescu. A feitiçaria seria então a invasão da vida pelos resíduos da vida, o afogamento da cultura sob os arquivos da cultura, a permanência triunfante de toda a interrupção e de todo o começo. O sagrado na própria impossibilidade da dessacralização! A menos que o substantivo no singular indique uma monstruosa proliferação de uma rã única: proliferação do mal, ou simplesmente da moda. A menos — e esta eventualidade também é evocada pelos comentadores — que tenha sido suficiente uma única rã para atrair ao Egito todas as rãs do mundo. Uma rã, ou o mal... Não sei se os proletários de todos os países se unem, mas os criminosos de todos os países, apesar de todas as suas dissensões, apresentam uma frente única. O crime tem sempre uma dimensão internacional. Há apenas uma rã. Ela coaxou, e logo o Egito se encheu de rãs.

Eis a degenerescência do sagrado onde o sagrado se mantém. O sagrado que degenera é pior do que o sagrado que desaparece. Por isso o sagrado não é sagrado, não é santidade.

O odor de santidade.

Agora chega-se a uma contrapartida dessas contestações. Não se pode, certamente, encontrar nelas mais do que a sugestão, muito expressiva, disso que anima, através das minúcias da Lei, o querer fariseu: a separação de um mundo no qual, na aurora de sua manifestação, a *aparência* altera o *parecer*; no qual a dessacralização não é mais do que uma nova magia, fazendo com que o sagrado cresça e sua degeneração em feitiçaria torne-se una com a sua geração. Nesse mundo enfeitiçado, quer dizer, sem saída — não se pode fugir disso sem faltar à responsabilidade —, pratica-se a *separação* dos fariseus, uma ausência sob a presença das proibições ou das regras sob o imediato do gozar, esperança de *santidade* contra o incorrigível *sagrado*, *judaísmo como modalidade irredutível da presença no mundo*.

Nosso texto revela o epílogo de uma história talmúdica cujo prólogo todo mundo conhece. Na página 59*b* de *Baba Metsia*, doutores da Lei discutem um problema de Halachá, e no caso, o rabi Eliezer está em oposição a todos os colegas. O problema discutido é daqueles que se referem à pureza e à impureza. Não se trata de pureza "interior", tão fácil de encontrar e de justificar aquém ou além dos atos: não será suficiente proclamar que o que conta não é o que entra, mas o que sai da boca do homem? Pretensão que, à força de espiritualizar a pureza, pode nos mergulhar nos abismos niilistas da interioridade em que o puro e o impuro se confundem. Os doutores da Lei discutem a pureza ritual, dessa que se define por critérios exteriores. Essas regras do gesto exterior são necessárias para que a pureza interior não seja verbal.

Vocês sabem que o contato com o morto, no judaísmo, é a fonte da impureza. Tratava-se, no texto de *Baba Metsia*, de saber se a presença de um morto, que confere impureza a todo objeto construído como receptáculo aberto, confere impureza também no caso particular de uma mortalha de forma especial, com a qual não quero atrapalhar minha exposição.

    Segundo o rabi Eliezer, essa mortalha recebe a impureza da mesma forma. Segundo o rabi Josué e seus colegas, ela permanece pura. História para boi dormir! A discussão de um assunto que pode parecer-lhes fútil — sobretudo se os abismos da interioridade não lhes dão vertigem, apesar da ameaça que pesa sobre um mundo a ponto de afundar-se — foi tão violenta, que levou à explosão esse colégio de sábios. O rabi Eliezer, para convencer seus antagonistas, recorreu a provas sobrenaturais. E foi precisamente esse lado da história que ganhou enorme notoriedade: uma árvore desenraizou-se sozinha, um rio subiu à sua nascente para apoiar o que afirmava o rabi Eliezer, mas o rabi Josué não consentiu que, num debate nascido de um problema apresentado pela Torá, a decisão pudesse vir de uma árvore que se desenraíza ou de um rio que sobe à sua nascente. Basta de milagres! O rabi Eliezer invocou o testemunho das paredes da casa de estudos em que tinha lugar a discussão. Essas paredes, que sem dúvida tinham ouvidos e que tinham escutado tantas discussões rabínicas, inclinaram-se e ameaçaram cair para testemunhar, assim, a seu favor, mas o rabi Josué recusou o testemunho das paredes. Em que apuros se metem as paredes quando rabinos discutem a Torá! Divididas entre o respeito pelas razões do rabi Eliezer e o respeito pelo argumento do rabi Josué, elas permaneceram inclinadas, ameaçando desabar, mas não desabando; inclinadas para a eternidade. Então o rabi Eliezer fez com que viesse em seu favor uma voz do céu; mas o rabi Josué recusou essa voz, alegando que a voz do céu não era uma razão, que a Torá, dada aos homens que estão na terra e que aqui devem agir, está entregue à discussão humana e, para as necessidades da ação, às instituições. A maioria declarou então anátema ao rabi Eliezer, minoritário. Separou-se desse sábio entre os sábios e infligiu a si mesma a sanção de não poder mais se beneficiar de seu ensinamento. E *Baba Metsia* nos conta também que o profeta Elias, interrogado sobre a atitude do Eterno por um dos doutores rabínicos que teve a sorte de encontrá-lo, ensinou-lhe o seguinte: durante todo esse conflito intelectual, Deus, sorrindo, repetia: "Meus filhos se tornaram mais fortes do que Eu, meus filhos se tornaram mais fortes do que Eu!"

O texto que temos sob os olhos nos narra precisamente o fim do rabi Eliezer. Mas a maneira pela qual o fim se dá é grandemente notável pela estranheza da associação das idéias — ou da lógica — que determina sua evocação. Na Mishna de agora há pouco lemos que o rabi Akiva, em nome do rabi Josué, disse: "Duas pessoas colhem pepinos" etc. Ora, pelo texto que me resta comentar, vocês aprenderam que o rabi Akiva recebeu do rabi Eliezer o famoso ensinamento sobre os pepinos. Nosso texto, que é uma citação, figura então aqui como uma objeção. A longa narração que nos conta as últimas horas do rabi Eliezer — e vocês admirarão, espero, sob muitos pontos de vista, as belezas dessa narração — não está lá a não ser para decidir se foi o rabi Josué ou se foi o rabi Eliezer que instruiu o rabi Akiva sobre a diferença que existe entre o feiticeiro que vende os pepinos ilusórios e o que apenas os faz aparecer.

O rabi Akiva disse etc.: "Foi portanto o rabi Josué que ensinou a história ao rabi Akiva." Ora, temos uma *tosseftta*: "Quando o rabi Eliezer caiu doente..."

O rabi Eliezer morrendo.

Na citada *tossefta* encontramos o rabi Eliezer no fim da vida.

> ... O rabi Akiva e seus companheiros foram visitá-lo. Eliezer estava em sua alcova, eles no vestíbulo...

O "anátema" pesa sempre sobre o rabi Eliezer, e seus colegas evitam se aproximar!

> ... Era véspera do Shabat. Hurkenot, filho de Eliezer, entrou para retirar os *tefilim* do pai.

O rabi Eliezer, doente, em sua alcova, ao aproximar-se o Shabat, guarda ainda os *tefilim*, cujo uso não é recomendado no dia de Shabat. Seu filho vem retirar-lhe os filactérios para evitar-lhe o uso de *tefilim* num dia de Shabat, uso que, certamente, não é punido, mas permanece proibido.

> O rabi Eliezer se aborreceu e o filho se afastou sob a cólera do pai. Disse então a seus companheiros: "Dir-se-ia que o pai perdeu a razão." O rabi Eliezer continuou: "O filho e a mãe é que perderam a razão; eles se desinteressaram pela proibição que ameaça de lapidação e se preocupam simplesmente com isso, que não convém a um dia solene."

O filho está errado em se preocupar com o *tefilim*, cujo uso no Shabat não provoca nenhuma sanção, enquanto a mãe não cuida das luzes do Shabat nem do líquido quente a preparar e preservar para o dia santo. Se ela fosse obrigada a acender as velas depois de cair a noite ou de esquentar a água durante o dia do Shabat, seria passível de lapidação. É ainda o rabi Eliezer que tem razão.

> Quando os doutores da Lei viram que a razão de Eliezer era total, entraram e se sentaram à distância de quatro côvados...

Aproximaram-se sem ultrapassar os quatro côvados que os separam do anátema.

> O rabi Eliezer lhes disse: "Por que vocês vieram?" Eles responderam: "Para estudar a Torá." Ele lhes disse: "E até agora por que não tinham vindo?" Eles responderam: "Não tivemos tempo..."

Não estávamos disponíveis — o que é verdade —, por causa do anátema.

> Então ele lhes disse: "Ficarei espantado se vocês morrerem de morte natural."

Vocês merecem morrer de morte violenta, de um suplício. Trata-se do *saber*. Não procurar o mestre é uma falta irreversível. E, ao domínio do mestre, e à culpabilidade do discípulo, à omissão eventual do discípulo em relação ao mestre, são consagradas as linhas seguintes.

> Então o rabi Akiva disse: "E eu?" Ele respondeu: "Tua sorte é mais dura do que a dele."

Rabi Akiva, o maior. O maior, portanto o mais responsável, o mais culpado em relação ao mestre. É o rabi Akiva que figura entre os dez doutores rabínicos que, torturados e supliciados pelos romanos depois da derrota da revolta de Bar Kochba, são festejados na liturgia do Iom Kipur, na qual seu suplício (o do rabi Alkiva é o mais atroz) está presente como a expiação do crime inesquecível e nunca expiado dos filhos de Jacó que tinham vendido o irmão. Ou da eterna e invisível repetição desse crime contra a fraternidade.

> Pôs os dois braços sobre o coração e disse: "Infelicidade para vocês. Meus dois braços parecem-se com dois rolos da Torá fechados. Aprendi muito com a Torá e ensinei muita coisa dela. Tenho aprendido muito da Torá, e não colhi de meus mestres mais do que colhe um cão lambendo o mar..."

O mestre é discípulo de alguém, e tem a respeito desses mestres um sentimento de culpa. Também ele não soube conservar o que eles davam. O respeito do discípulo pelo mestre culmina nessa culpabilidade do discípulo como tal, na consciência do fato de ser canino.

> "Ensinei muito a Torá, mas meus alunos nunca me levaram a sério."

Aqui, o caso não é mais de comparação com um cachorro...

> "Mais ainda: ensinei trezentas coisas sobre a lepra branca...."

Sempre essas lições sobre as coisas exteriores! Nunca nada sobre a "vida interior"!

"...E não houve ninguém que me tenha perguntado sobre isso, e ensinei trezentas coisas — alguns dizem três mil coisas — sobre a plantação dos pepinos, e nunca ninguém me perguntou sobre isso fora Akiva, filho de Josefo."

Foi sem dúvida porque teve esse desejo insaciável de conhecer que Akiva teve a sorte mais dura, por ocasião do suplício.

Um dia, estávamos na estrada, ele me disse: "Mestre, ensina-me sobre a plantação de pepinos." Disse-me ele: "Mestre, me ensinaste sobre a plantação, ensina-me sobre a colheita." Eu disse uma palavra e os pepinos se juntaram num só lugar.

Portanto, aqui é que a *tossefta* citada nos ensina, contradizendo a Mishna, que o rabi Eliezer deu ao rabi Akiva o ensinamento sobre os pepinos, e que não foi o rabi Josué.

Propósito da hora derradeira.

E eis que nosso texto, em minha opinião, na sua aparente ligação com os problemas do "para fazer" e do "para não fazer" rituais, testemunha uma grandeza que precisamente vale ao judaísmo incompreensão e zombaria. O mestre está a ponto de morrer. De que se fala nesses instantes supremos? Do destino eterno? Da vida interior? Não. "O que devo fazer" é mais importante do que "o que me é lícito esperar":

Então eles disseram: "E quanto à bola, à fôrma, ao amuleto, ao saco de cápsulas e ao pequeno peso?"

Sublime tolice! São cinco objetos feitos de couro que podem ser considerados simultaneamente como recipientes e não-recipientes. Retomando a discussão interrompida sobre a impureza que atinge os recipientes num quarto onde está um morto, os doutores rabínicos querem arrancar do mestre um pouco do saber que ele vai levar para o túmulo. Que pensa ele de cinco coisas enumeradas, quanto à suscetibilidade delas de receber ou de não receber a impureza? As cinco coisas não estão lá por acaso. Não que sejam símbolos. Elas têm, em sua própria particularidade, significações irredutíveis. O couro desempenha, em cada uma das cinco coisas, um papel diferente. Como análise estruturalista, é notável.

Quanto à bola, o couro faz parte do objeto; não é um simples continente de ervas secas que o enchem.

A fôrma? Trata-se da fôrma de couro com a qual se ajusta um sapato; é, na verdade, um objeto sólido sobre o qual se põe o sapato que se prepara. Aqui, o couro recebe o calçado servindo-lhe de apoio. É ainda um modo de receber, mas de um modo diferente daquele do couro da bola: o objeto está sobre a fôrma, e não na fôrma.

E o amuleto? Um objeto de couro no qual se encaixa uma jóia e é usado como ornamento. Qual é aqui o papel do couro? Nova categoria: nem puro continente, nem parte do objeto, nem suporte. O couro carregando a jóia pertence ele próprio à ornamentação do ornamento.

O saco de cápsulas? Rashi diz que é o saco que se pendura no pescoço dos animais doentes para curá-los. Feitiçaria? Esse aspecto não é enfocado. Os métodos de uma boa senhora para curar uma vaca ainda são medicina. Aqui, o couro torna possível que as cápsulas sejam penduradas. Não é nem um enfeite, nem um continente, nem um suporte.

Quinta e última categoria: o pequeno peso. O pequeno peso, quando era de metal friável, perdia facilmente o peso. Tinha-se o costume de fechá-lo, para preservá-lo dessas perdas, num saco de couro. Neste caso, o saco de couro é pura proteção contra a decomposição do metal: nem parte do objeto, nem continente, nem suporte, nem próprio para pendurar alguma coisa.

Eis, portanto, cinco modos nos quais o objeto de couro não exclui a função de continente, mas em que, cada vez, desempenha uma função diferente. Análise que denota uma curiosidade quanto à significação formal, na casuística dos rabinos.

Ele respondeu: "Eles são atingidos pela impureza e devem ser purificados tais como estão."

Tais como estão quer dizer de modo a submeter o objeto totalmente aos ritos da purificação, e não apenas o couro separado do objeto. Não posso dar as razões disso sem o risco de recomeçar a discussão entre o rabi Josué e o rabi Eliezer, cujos efeitos foram tão desastrosos. Inclinemo-nos diante da decisão comunicada pelo rabi Eliezer em sua hora suprema. Mas seus colegas ainda tinham uma pergunta:

"E quanto ao sapato que está sobre a fôrma?"

O objeto inacabado, na verdade, não poderia receber a impureza. Mas, se o sapato está acabado, se é um objeto pronto, recebe a impureza. Estando sobre a fôrma, ainda é um objeto que se fabrica. Não sendo uma coisa, a impureza não o atinge, todo mundo sabe disso também. Mas um sapato acabado que se deixou sobre a fôrma está no limite entre o acabamento e aquilo que ainda está em fabricação. Situação inventada por espíritos procuradores de casos-limite.

> Ele disse: "O sapato permanece puro. E sua alma se desprende na pureza."

Ele expirou na pureza do sapato! Mas a pureza talvez seja precisamente isso. A preocupação de se ocupar não da insondável pureza de minhas intenções, mas das regras objetivas da pureza, da pureza do sapato e, nele, da pureza no limite da impureza.

Se você contar a um passante, ainda que se trate de um jornalista informado de tudo, que um grande em Israel morreu na pureza porque tinha declarado que um sapato era puro, se você contar o caso fora do contexto, e mesmo se contá-lo no contexto da minha tradução, ele rirá na sua cara e publicará, para provocar a ironia da multidão dos zombeteiros, sua história em uma seção do *Le Monde*.

> Então o rabi Josué levantou-se e disse: "Acabou a proibição, acabou a proibição!"

A morte do mestre.

Está morto.
Não me demorarei mais comentando muito a seqüência do texto em que, sem comentários, vocês vão sentir o devotamento ao mestre.

No fim do Shabat, o rabi Akiva encontrou o caixão do rabi Eliezer na estrada indo de Cesaréia para Lude. Bateu no peito até sangrar. Diante da fila de pessoas vestindo luto, tomou a palavra: "Meu pai, meu pai, o carro de Israel e seus cavaleiros!"

Ele é o carro, os cavaleiros, e provavelmente o condutor do carro; era tanto o mestre que conduz como o debate a conduzir; e o piloto e o barco. O rabi Akiva pronuncia as palavras que Eliseu pronunciava no momento em que seu mestre, o profeta Elias — o homem que não conheceu a morte —, lhe era arrancado na tempestade.

"Tenho muito dinheiro, mas não há cambista para trocá-lo."

A morte do mestre, o fim das perguntas, o fim das respostas, o saber inutilizável. Desespero supremo: a quem poderia eu, de agora em diante, fazer as perguntas? E depois, o texto, impassível diante de sua própria narração, volta aos pepinos!

Então foi com o rabi Eliezer que Akiva aprendeu isso.

Pois o rabi Eliezer disse: "Na estrada ele perguntou como se faz para produzir pepinos." Portanto, foi com ele, e não com o rabi Josué, que o rabi Akiva recebeu a famosa lição sobre a qual se abria nossa Mishna!

Certamente, o rabi Eliezer lha ensinou, mas não tornou a lição inteligível. Então, ele a aprendeu de novo com o rabi Josué, que a tinha tornado compreensível.

E é por isso que nossa Mishna diz: em nome do rabi Josué. Incompreendida, a lição do rabi Eliezer não foi um verdadeiro ensinamento. O rabi Akiva não teve, com toda a certeza, tempo de fazer todas as perguntas!
Resta a última pergunta, que surge diante do espírito de vocês e que a Guemara faz: o rabi Eliezer praticava a feitiçaria?

> Mas como podia ele (o rabi Eliezer) agir assim? Não aprendemos nós: aquele que exerce o ato é passível de sanções? É diferente quando se trata de aprender. O mestre realmente disse: "O texto (Dt 18, 9) ensina: 'Não aprendas a fazer abominações.' Não deves aprender a fazê-las; mas deves aprender a fazer tudo para compreender e para ensinar."

Esse último ponto é essencial: tudo aquilo que aprendemos no mundo das ilusões e da feitiçaria, sobre essa decadência do sagrado na qual se tem o falso sagrado (ou melhor, o sagrado simplesmente), precisa ser conhecido. No saber dessas abominações reside a única relação que o judaísmo consente com esse sagrado e sua dessacralização. A santidade que o judaísmo busca não deve nada nem ao mundo sagrado nem ao mundo dessacralizado no qual sempre degenera o sagrado, alimentando-se de sua própria degenerescência; a santidade que Israel busca nada tem a ver com o reino do deus mortal cuja morte o judaísmo nunca ignorou, para ele consumada há milênios. A santidade que ele quer vem-lhe do Deus vivo.

QUARTA LIÇÃO   **E Deus criou a mulher**

TRATADO DE *BERAKOT*, P. 61a

O rav Nahmã, filho do rav Hisda, ensinou: "Por que em 'O Eterno-Deus modelou o homem' (Gn 2, 7), modelou, *vayitzer*, se escreve com dois *yod*? O Santo-abençoado-seja criou duas tendências, a boa e a má."

O rav Nahmã bar Itzak objetou: "Se assim é, o animal, do qual se diz que ele *vayitzer* (ele modelou), mas sem escrever *vayitzer* com dois *yod* (Gn 2, 19), não teria tendências más, mas o que vemos é que o animal pode causar dano, morder e dar coices."

É preciso então interpretá-los (é preciso interpretar os dois *yod*) como o fez o rav Simão ben Pazzi; porque ele disse: "Infelicidade para mim diante de meu Criador, infelicidade para mim diante de minha má tendência." Ou ainda é preciso interpretá-los como o rav Irmia ben Elazar, porque ele disse: "Duas faces o Santo-abençoado-seja criou no primeiro homem, não está escrito (Sl 139, 5 [138 na Bíblia latina]): 'Tu me segues de perto (*tzartani*) por trás e pela frente e passas sobre mim tua mão.'"

E o Eterno Deus organizou uma mulher (literalmente: construiu mulher) com "a *costela* que tinha tomado ao homem..." (Gn 2, 22). Rav e Shmuel discutem. Um diz: "Era (a costela era) uma face." O outro diz: "Era uma cauda." Para aquele que diz "era uma face", o texto "tu me segues de perto por trás e pela frente" não oferece dificuldades. Mas como se ajeita com esse texto aquele que diz que era uma cauda?

Não se pode deixar de concordar que ele pensa como o rav Ami. Porque o rav Ami disse: "'Por trás' significa 'criado por último', 'pela frente' significa 'o primeiro a punir'."

De acordo em relação a "criado por último" — porque o homem só foi criado mesmo na véspera do Shabat —, mas, quanto àquele que é do "primeiro a punir", de que punição se trata? Seria aquela infligida na seqüência da história da serpente? Não temos nós uma *tossefta*? Rav disse: "Quando se trata de elevar em dignidade, começa-se pelo grande, e quando se trata de maldizer, começa-se pelo pequeno." Quando se trata de elevar em dignidade começa-se pelo grande porque está escrito (Levítico 10, 12): "Moisés disse a Aarão, assim como a Elazar e a Itamar, seus filhos sobreviventes, tomai à parte a oblação que resta do fogo do Senhor e comei-a como pães ázimos perto do altar, porque ela é eminentemente santa." Para maldizer, começa-se pelo pequeno porque, em primeiro lugar, foi maldita a serpente, depois Eva e Adão no fim. Portanto, só a propósito do dilúvio se pode falar em prioridade do homem em matéria de sanções. Porque está escrito (Gn 7, 23): "Deus exterminou todas as criaturas que estavam na face da terra, desde o homem até o animal." Em primeiro lugar o homem, depois o animal.

Aquele que diz que "costela" significa face está de acordo com os dois *yod* de *vayitzer* (Gn 2, 19); como se arranja com os dois *yod* de *vayitzer* aquele que diz que "costela" significa cauda? Deveria seguir a lição do rav Simão ben Pazzi. Porque o rav Simão ben Pazzi afirma que os dois *yod* de *vayitzer* significam: "Infelicidade para mim por causa de meu Criador — infelicidade para mim por causa de minha má tendência."

Aquele que diz que costela significa face está de acordo com o texto que diz: "Macho e fêmea ele os criou simultaneamente" (Gn 5, 2). Como aquele que diz que costela significa cauda se arranja com "macho e fêmea ele os criou"? É preciso seguir a lição do rabi Abahu. Porque o rabi Abahu contestou: "Está escrito: 'Ele os criou macho e fêmea' (Gn 5, 2); e está escrito (Gn 9, 6): 'O homem foi feito à imagem de Deus.' Como é possível?" "Houve, em primeiro lugar, a idéia de criar dois, e, no fim das contas, ele só criou um."

Aquele que diz que costela significa face pode concordar com o texto (Gn 2, 21): "E formou um tecido de carne no lugar." Como se arranja aquele para o qual costela significa cauda? O rav Irmia e, segundo outros, o rav Zvid e, segundo outros, o rav Nahmã bar Itzak ensinou: A carne não é necessária, a não ser para o lugar da incisão.

Aquele que diz que a costela significa cauda pode se ajustar com a fórmula (Gn 2, 22) "O Eterno-Deus organizou uma mulher 'com a costela que tinha tomado ao homem'." Como se arranja aquele que diz que "costela" significa face? É preciso seguir o rabi Simão ben Menassia. Ele ensinou: "Para o texto 'ele organizou uma mulher com a costela', é preciso compreender que o Santo-abençoado-seja fez tranças para Eva e a levou a Adão, porque nas terras de além-mar trança se chama *bnaita* (construção)." Outra explicação: o rav Hisdá disse — e outros dizem que isso foi ensinado numa *braita*: "O texto nos ensina que o Santo-abençoado-seja construiu Eva como um depósito de trigo; exatamente como o depósito de trigo é estreito no alto e largo embaixo para armazenar a colheita, a mulher é estreita no alto e larga embaixo para receber a criança."

"E ele a apresentou ao homem" (Gn 2, 22). O rav Irmia ben Elazar diz: "Isso nos ensina que o Santo-abençoado-seja se fez *garçon d'honneur* de Adão." A Torá quer nos ensinar as regras de conduta: um grande deve se fazer *garçon d'honneur* de um menor sem sentir nenhum ultraje por isso.

Segundo aqueles que dizem que costela significa face, quem anda à frente (o lado mulher ou o lado homem)? O rav Nahmã ben Itzak* diz: É razoável que o homem ande à frente, porque existe uma *braita*: um homem não caminha atrás da mulher, mesmo que seja a sua, na estrada — e, ainda que esteja com ela sobre uma ponte, quem a tenha ao lado e quem quer que ande atrás de uma mulher atravessando um vau não chegará ao mundo futuro.

Existe uma *braita*: qualquer um que dê dinheiro diretamente a uma mulher com a intenção de interessar-se por ela não escapará à lei do inferno, mesmo que esteja cheio da Torá e de boas ações como Moisés, nosso mestre. Porque está escrito (Pr 11, 21): "Naturalmente! O ímpio não fica impune (de modo literal: diretamente — o ímpio não ficará impune), não ficará impune da condenação ao inferno que merece."

O rav Nahmã disse: "Manué foi *am-haaretz* (inculto), porque está escrito (Juízes 13, 11): 'E Manué se levantou e seguiu sua mulher.'" O rav Nahmã bar Iossef objetou-lhe: "Se assim é, seria preciso tratar da mesma maneira Elkana. Não está dito: 'E Elkana seguiu sua mulher'? E o mesmo em relação a Eliseu. Não está escrito (2Rs 4, 30): 'E ele se levantou e a seguiu'?" Não se trata de seguir no sentido material do termo, mas de "agir segundo sua palavra e seu conselho". Assim também para Manué.

O rav Aschi disse: "O rav Nahmã queria dizer que Manué não foi sequer à escola de principiantes, porque está dito em Gênesis 24, 61: 'E Rebeca e suas criadas se levantaram, montaram nos camelos e *seguiram* esse homem.' Seguiram e não *precederam* esse homem!"

---

*Pouco atrás o autor o chamava de "Nahmã **bar** Itzak". Ver explicação no Glossário, no fim do volume. (*N. do T.*)

DO SAGRADO AO SANTO

O rabi João disse: "Atrás de um leão, e não atrás de uma mulher; atrás de uma mulher, e não atrás de um idólatra, atrás de um idólatra e não atrás de uma sinagoga (do lado oposto à entrada) quando a comunidade reza."
Mas esse último ponto só vale para quem está livre de qualquer fardo; quem carrega um fardo fica fora disso. E isso só se aplica quando não há outra porta de saída; quando há outra porta, fica-se fora disso. E isso só se aplica quando não se está montado num jumento; quando se está sobre um jumento, fica-se fora disso. E isso só se aplica quando não se está usando *tefilim*; quando se está usando *tefilim*, fica-se fora disso.

E DEUS CRIOU A MULHER

Começando esta lição, não posso evitar as confissões habituais de fraqueza. Escolhi para comentar, sob o título ambicioso da lição talmúdica, um texto agádico, como sempre. Tenho enorme responsabilidade quanto a este texto diante de uma assembléia em que há tantos talmudistas autênticos, aos quais eu teria de ceder a palavra. Apelo, então, para a indulgência deles.

O texto falará da mulher. Abre-se sobre três enunciados nos quais se trata do humano, acima da divisão do humano em masculino e feminino. Há aí a questão, desde o início, de uma dualidade no homem e uma tentativa de definir o que é o humano. É à luz de uma tal tentativa que se falará a seguir do feminino e do masculino.

Releio a primeira declaração:

As duas tendências.

> O rav Nahmã, filho do rav Hisdá, ensinou: "Por que em 'o Eterno-Deus modelou o homem' (Gn 2, 7), modelou, *vayitzer*, se escreve com dois *yod*?"

Eis-nos muito longe, parece, dos problemas que acabam de ser magistralmente esboçados.[1] Surge bruscamente uma questão de ortografia. Por que há dois *yod* na palavra *vayitzer*, que significa "modelou"? Trata-se da criação do homem. O piedoso, o bom pensamento dos bem-pensantes não se espanta mais com nada. Que ao menos uma singularidade na escrita o convide à reflexão. Cria-se um homem como se fabrica um vaso? Ouçamos a primeira resposta:

> O Santo-abençoado-seja criou duas tendências, a boa e a má.

Duas tendências, traduzi segundo o costume: *yetzer* se traduz por tendência. A palavra, na realidade, significa criatura. A prova: Isaías 29, 6; "A criatura (*yetzer*) disse ao Criador, ele não entendeu nada." É evidente que *yetzer* não significa tendência, mas criatura.

A primeira resposta, portanto, significa: a criação do humano é extraordinária; criando um homem, tratava-se de criar em uma criatura duas criaturas. Elas eram duas em uma só. Não se fala da mulher. Só se falará da mulher ao fim dos três dias iniciais. Que é o humano? O fato de ser *dois* sendo *um*. Uma divisão, um rasgo no seio de sua substância ou, muito simplesmente,

---

[1] Cf. *L'Autre dans la conscience juive. Le Sacré et le couple?* P.U.F., 1973, pp. 159-172.

a consciência e a escolha: a existência, na encruzilhada, entre duas possibilidades, entre duas tendências que se excluem ou se opõem. A consciência e a liberdade definiriam o homem: a razão. Por que uma objeção na segunda declaração?

> O rav Nahmã bar Itzak objetou: "Se assim é, o animal que ele modelou, *vayitzer* (que aparece em Gn 2, 19, mas aí *vayitzer* não se escreve com dois *yod*), significaria isso, que o animal não tem a boa e a má tendência, embora nós vejamos que o animal pode causar dano, morder e dar coices?"

É preciso completar os argumentos a partir dos comentários; o animal pode morder e dar coices, mas também pode obedecer e contribuir com seu trabalho. O animal já teria, então, uma escolha e uma consciência. A partir daí, pode-se dizer que a consciência e a razão definem o humano? Interpretação possível dessa objeção que vai mais longe: se o homem é animal racional — na verdade, também sobre a animalidade a razão pode brotar —, não há razão intransponível, não há incompatibilidade entre a animalidade e a razão. A razão pode se pôr a serviço da bestialidade e dos instintos. Compreender-se-ia, assim, o sentido dos versículos bíblicos relativos à aliança de Deus com o conjunto do que é vivo. Mas não é preciso procurar fora da consciência o ponto de ruptura entre o humano e o resto?

A segunda declaração termina, assim, por uma nova definição do humano:

> É preciso, portanto, interpretar esses dois *yod* como o fez o rav Simão ben Pazzi; porque ele disse: "Infelicidade para mim diante de meu Criador, infelicidade para mim diante de minha má tendência."

A obediência.

A palavra *vayitzer*, decomposta em *vay-itzer*, significaria: "infelicidade para a criatura" (*vay*, interjeição como *"ai de mim!"*, corrente no falar popular judeu, encontradiça especialmente no ídiche); infelicidade para a criatura, infelicidade quando obedeço a meu Criador (porque, obedecendo a meu Criador, estou constantemente perturbado em minha natureza de criatura), mas infelicidade também para mim quando obedeço a minha essência de criatura, a minhas tendências (porque a idéia do Criador, quer dizer, sua Lei, estraga meu prazer de pecar!). Estou sempre dilacerado, porém, desta vez, não entre a direita e a esquerda, como daqui a pouco sobre a forma de ser livre, mas entre o alto e o baixo. O que seria especificamente humano é estar confundido entre meu Criador, quer dizer, a Lei que Ele me deu, e a existência; os desejos felizes da criatura com apetite, o que Pascal chama de concupiscência, e que nós chamaremos erótico, dando a essa palavra um sentido muito amplo. A condição de criatura não é fonte de contentamento, no caso do homem, falta complacência. Existência dramática, não está dividida simplesmente quanto às escolhas a fazer entre os desejos, está em tensão entre a Lei que me é dada e minha natureza incapaz de se submeter, sem constrangimento, a ela. O humano não é a liberdade. O humano é a obediência.

Entre a Lei e a natureza, entre o Criador e a condição de criatura, ser homem permanece tão dramático como no dilaceramento entre paixões opostas. Mas eis a terceira declaração:

> Ou, ainda, é preciso interpretar como o rav Irmia ben Elazar, porque ele disse: "Duas faces o Santo-louvado-seja criou no

primeiro homem, pois não está escrito (Sl 139, 5): 'Tu me segues de perto por trás e pela frente e passas sobre mim tua mão'?"

Tudo está aberto.

Duas faces no primeiro homem sem que isso seja — vocês vão ver — uma cabeça de Jano. O que é chocante é que, para falar dessas duas faces, não venha à cabeça do rav Irmia ben Elazar a idéia de citar o início do Gênesis, quando está dito: "Ele criou homem e mulher." As duas faces do humano ainda não têm, portanto, nada a ver com as duas faces do casal! Os doutores do Talmude preferem aqui o salmo 139, do qual citam o versículo 5. Eis portanto o versículo que explicaria a anomalia ortográfica de dois *yod* na palavra "ele criou", quando designa a criação do homem.

O método que sempre segui — não sei se ele agrada aos talmudistas absolutos (sou talmudista muito relativo) — consiste nisto: cada vez que um versículo bíblico é produzido à maneira de prova, é pouco provável que os doutores do Talmude busquem, nos textos triturados, apesar da gramática, uma prova direta da tese que sustentam. É sempre um convite a vasculhar o contexto da citação.

O salmo 139 é um salmo admirável: "Senhor, tu me examinaste a fundo e me conheces... Conheces todas as minhas características e gestos... A palavra ainda não chegou à minha língua e já está totalmente desvendada por ti." E eis o versículo 5: "Tu me segues de perto por trás e pela frente e pousas sobre ti minha mão.... Onde eu me recolheria diante de teu espírito... Onde eu procuraria refúgio para escapar à tua face? Se eu subir aos céus, tu estarás lá. Se faço da pousada dos mortos minha cama, eis tu ainda. Se me erguer nas asas da aurora, para me situar nos confins dos mares, lá também tua mão me guiaria" etc.

Sempre a mão de Deus me pega e me guia. É impossível escapar a Deus, não estar presente sob seu olhar sem descanso. Olhar que não é sentido como uma infelicidade, contrariamente ao pavor que com ele experimenta a Fedra de Racine:

> Le Ciel, tout l'univers est plein de mes aïeux,
> Où me cacher? Fuyons dans la nuit infernale,
> Mais que dis-je? mon père y tient l'urne fatale!

> (O Céu, todo o universo está cheio de meus antepassados,
> Onde me esconder? Fujamos pela noite infernal,
> Mas que digo? meu pai mantém lá a urna fatal!)

Aqui, com toda a certeza, a presença de Deus significa: **estar sitiado por Deus ou obsedado por Deus**. Obsessão sentida como uma escolha. Leiam a continuação: "Se digo que pelo menos as trevas me envolvem, que a luz do dia se transforma em noite para mim, as próprias trevas não são obscuras para ti, a noite é luminosa como o dia, a escuridão é claridade para ti. Porque foste tu que modelaste meus rins, que me formaste no seio de minha mãe, eu te dou graças por me ter distinguido tão maravilhosamente."

Em outras palavras, a humanidade do homem seria o fim da interioridade, o fim da pessoa. Tudo está aberto. Por toda parte sou atravessado pelo olhar, tocado pela mão. Compreende-se assim que Jonas não tenha conseguido escapar à sua missão. Eis o que significa o fato de ter duas faces. Com uma só face, tenho um occipício no qual se acumulam meus pensamentos dissimulados e minhas reservas mentais. Refúgio no qual todo meu pensamento pode se manter. E eis, em lugar do occipício, uma segunda face! Tudo está exposto, tudo em mim é visível e devo responder. Não posso, nem mesmo pelo pecado, me separar desse Deus que me olha e me toca. O mal, último recurso da ruptura; última dobra do ateísmo, não é uma ruptura; o salmo 139 nos diz que não há defesa para essa dobra. Deus atravessa as trevas do pecado. Não o solta ou recupera você. Você está sempre descoberto! Mas nesse salmo de regozijo você está descoberto na alegria; é a exaltação da proximidade divina que esse salmo canta; uma exposição sem resquício de sombra.

Há, entretanto, nessa parábola da segunda face, outra coisa. Ainda não se fala da mulher. A face feminina aparecerá logo em seguida, a partir dessa idéia de "face contínua", que, de início, significa a pura humanidade do homem. O sentido do feminino, assim, estará claro a partir da essência humana, mas a separação em feminino e masculino — a dicotomia —, a partir do humano. A complementaridade não tem nenhuma significação concreta, é apenas uma palavra preguiçosa, se não se ficou previamente surpreso com a idéia do *todo*, a necessidade e o sentido da divisão. Não estou seguro de que, pela noção de "encaixe" de que falava nosso amigo Jankélévitch, ele pretendeu expressar alguma coisa além da noção formal de complementaridade.

O outro.

Insistamos ainda sobre o sentido que descobrimos na declaração do rav Irmia ben Elazar à luz do salmo 139. Façamos abstração de suas figuras teológicas (não é preciso, lendo, ater-se às figuras dos sinais que nos falam — como não é preciso, lendo a letra "A", fixar-se na figura de telhado que essa letra desenha). Que significa essa maneira de ser investido por Deus, a não ser a própria imagem que lhe serve de alegoria? Estar sob o olhar sem descanso de Deus é precisamente, em sua unidade, ser portador de um *outro* alguém — carregador e apoiador —, ser responsável por esse outro, como se a face, entretanto invisível, do outro prolongasse a minha e me mantivesse alerta em nome de sua própria invisibilidade, em nome do imprevisível do que nos ameaça. Unidade de pessoa *una* e insubstituível no ajuste irrecusável para a responsabilidade em relação a esse outro — mais próximo do que toda a proximidade e, entretanto, desconhecido. Maneira essencial para o ser humano de estar exposto até o ponto de perder a pele que o protege, pele tornada totalmente face, como se, nucleado em torno de si, um ser sofresse uma desnucleação, e desnucleando-se, fosse "para o outro", antes de tudo, diálogo!

Não é num diálogo que o humano se exporia a tal ponto. É preciso essa cabeça de duas faces. Cabeça humana, singular em sua unidade sem síntese e sem sincronia, na qual se inscreve minha responsabilidade pelo outro, sem que eu e o outro formássemos — reconhecendo-nos mutuamente um nos olhos do outro — uma correlação dos termos, imediatamente reciprocáveis. Mas essa estranha dualidade do não-reciprocável não anuncia a diferença dos sexos? E é assim que no humano aparece a mulher. O social comanda o erótico.

Lado ou costela.

Leio a continuação do texto:

"E o Eterno Deus organizou uma mulher..."

E, seguindo a tradução do rabinato francês, que é a melhor, literalmente:

"construiu a mulher da costela que tinha tomado do homem..."

Aí começa a grande discussão:

Rav e Shmuel discutem. Diz um deles: "Era uma face (essa famosa costela era uma face)." Diz o outro: "Era uma cauda."

Uma cauda, quer dizer, um apêndice; pouca coisa menos do que uma costela, uma das vértebras baixas da coluna vertebral que não tem mais costelas, a última vértebra. O fato de que a mulher não é apenas a fêmea do homem, de que ela faz parte do humano, é certamente comum aos dois debatedores: a mulher é, de saída, criada a partir do humano. Segundo o primeiro doutor, ela é rigorosamente contemporânea do homem; segundo seu adversário na discussão, para que ela o fosse, teria de ser exigido um ato criador novo para ela.

Mas em que se opõem os debatedores? Aquele para quem a costela é uma face pensa em uma perfeita igualdade entre o feminino e o masculino: pensa que todas as relações que os unem um ao outro são de igual dignidade. A criação do homem foi a criação de dois seres em um só, mas de dois seres de dignidade igual; a diferença e a relação sexual pertencem ao conteúdo essencial do humano. Que pretende dizer aquele que não vê na costela senão uma cauda? Não pode ele ignorar o que aconteceu com essa pequena extremidade de carne ou de osso retirada antecipadamente do homem; sabe que Deus desregulou as coisas para fazer uma pessoa. Pensa, em conseqüência, igualmente, que a mulher não veio ao mundo por evolução natural, a partir de um osso perdido pelo homem, sabe que ela saiu de um ato de verdadeira criação. Mas pensa que, para além da relação pessoal que se estabeleceu entre esses dois seres saídos de dois atos criadores, a particularidade do feminino é coisa secundária. Não é a mulher que é secundária, é a relação com a mulher que é secundária, é a relação com a mulher como mulher, que não pertence ao plano primordial do humano. No primeiro plano estão as tarefas que o homem como ser humano e a mulher como ser humano cumprem. Ambos têm outra coisa a fazer além de arrulhar, e com mais forte razão, outra coisa a mais a fazer do que se limitar às relações que se estabelecem por causa da diferença entre os sexos. Não é a liberação sexual que, por si mesma, justificaria uma revolução digna da espécie humana. A mulher não está no topo da vida espiritual como Beatriz está para Dante. Não é o "Eterno Feminino" que nos leva às alturas.

Penso no último capítulo dos *Provérbios*, na mulher ali glorificada; ela torna possível a vida dos homens; mas o esposo tem uma vida fora do lar, senta-se no Conselho da cidade, tem uma vida pública, está a serviço do universal, não se limita à interioridade, à intimidade, à permanência, sem as quais entretanto não poderia nada.

Responsável por todos os outros.

Mas eis as dificuldades:

Para aquele que diz: "Era uma face", o texto "tu me seguiste de perto por trás e pela frente" não oferece dificuldades. Mas como se arranja com esse texto aquele que diz que era uma cauda? É preciso considerar que ele pensa como o rav Ami. Porque o rav Ami disse: "'Por trás' significa 'o último que foi criado', 'pela frente' significa 'o primeiro a ser punido'."

Sustentar que a mulher não é, como mulher, um pólo da espiritualidade, que o amor, para dominar nossa poesia e nossa literatura, não equivale ao Espírito, é contestar que o versículo 5 do salmo 139 faça a menor alusão à mulher. O rav Ami nos dá o sentido compatível com a tese que se acaba de enfocar: o homem é a última criatura, o último vindo ao mundo, a retaguarda da criatura. Este mundo não é, então, aquilo que o homem teria projetado e desejado, não é mesmo aquele que o homem teria visto no início; não saiu da liberdade criadora do homem. O homem veio ao universo com tudo estando já pronto, o homem é o primeiro a receber o castigo. É quem responde por aquilo que não fez. O homem é responsável pelo universo, refém da criatura. Para além do domínio imputável à sua liberdade, está cercado por seus diantes e seus detrás: pedem-se-lhe contas de coisas que ele não desejou e que não nasceram de sua liberdade.

A interpretação do rav Ami situa portanto o humano na responsabilidade "para com todos os outros". Está perfeitamente de acordo com a tese que afirma o nascimento da mulher, em sua particularidade sexual, a partir de uma articulação menor do homem ou do humano. Na relação com o outro, a proposta "com" vira proposta "para". Estou "com os outros", significa estou "para os outros": responsável por outro. Aqui, o feminino como tal é apenas secundário. A mulher e o homem, como humanidade autêntica, colaboram como responsáveis. O sexual não é senão acessório do humano.

Não se trata de simples sutilezas. A revolução que creio ter atingido o ponto máximo destruindo a família para libertar a sexualidade acorrentada, a pretensão de cumprir no plano sexual a verdadeira libertação do homem, tudo isso se contesta aqui. O verdadeiro mal estaria em outro ponto. O mal, tal como a psicanálise o descobre na doença, estaria já predeterminado pela responsabilidade traída. A relação libidinosa em si não conteria o mistério da *psique* humana. É o humano que explicaria a acuidade dos conflitos ligados a complexos freudianos. Não é a acuidade do desejo libidinoso que, em si mesma, explicaria a alma. Eis aquilo que, segundo o que sinto, está anunciado em meu texto. Não tomo partido; hoje, comento.

> Tudo bem quanto a "o último que foi criado" — porque o homem só foi criado mesmo na véspera do Shabat —, mas, quando se diz "o primeiro a ser punido", de que punição se trata? Será aquela infligida em seguida à história da serpente? Não temos uma *tossefta*? Rav disse: "Quando se trata de elevar em dignidade, começa-se pelo grande, e quando se trata de maldizer, começa-se pelo pequeno." Quando se trata de elevar em dignidade começa-se pelo grande, porque está escrito (Lv 10, 12): "Moisés disse a Aarão, assim como a Elazar e Itamar, seus filhos sobreviventes: 'Tomai à parte a oblação que resta do fogo do Senhor e comei-a como

pães ázimos perto do altar, porque ela é eminentemente santa.'" Para maldizer, começa-se pelo pequeno, porque em primeiro lugar foi maldita a serpente, depois Eva e Adão no fim. Portanto, só a propósito do dilúvio se pode falar em prioridade do homem em matéria de sanções. Porque está escrito (Gn 7, 23): "Deus exterminou todas as criaturas que estavam na face da terra, desde o homem até o animal." Primeiro o homem, depois o animal.

Expliquemos o sentido literal do texto. A *tossefta* citada parece contestar a prioridade da responsabilidade humana. A serpente não era o primeiro ser maldito depois do pecado original? Certamente, poder-se-ia concordar quanto ao fato de que o castigo é infligido ao ser menos digno (à serpente primeiro, a Eva em seguida, a Adão por fim) e a recompensa fica para o mais digno. Quando da elevação ao sacerdócio de Aarão e de seus filhos, ele é o primeiro chamado por Moisés. Mas essa distinção entre sanção positiva e negativa põe sempre em questão o princípio segundo o qual o homem seria o primeiro a responder. Porque a Guemara responde que o castigo é infligido primeiro ao homem em circunstâncias como as do dilúvio, segundo Gênesis 7, 23; o homem é citado em primeiro lugar.

Mas vejamos de perto a natureza dos atos nos três exemplos citados.

O mérito que serve de pretexto à elevação de Aarão ao sacerdócio e o pecado que atrai a maldição para a serpente só são mérito e pecado em relação ao Eterno. Tal não é a razão do dilúvio! A tradição rabínica e o texto bíblico estão de acordo: as causas do dilúvio foram a injustiça e a perversão sexual dos homens e dos animais. Mal ético do qual sofre o próximo.

Mas confusão do humano e do bestial. Mal corroendo a criatura nessa confusão do humano e do bestial. Desse universo pervertido, o homem responde como o primeiro. Essa humanidade é definida não pela liberdade — sabe-se se o mal começa pelo homem? —, mas pela responsabilidade anterior a qualquer iniciativa. O homem responde para além de seus atos livres. Ele é refém do universo. Dignidade extraordinária. Responsabilidade ilimitada... O homem não pertence a uma sociedade que confere a seus membros uma responsabilidade limitada. É membro de uma sociedade com responsabilidade ilimitada.

Mas o que então Rav queria nos ensinar?

Onde está o espírito.

Outros aspectos de nossa responsabilidade. Quando ela não se refere ao próximo, é legítimo invocar circunstâncias atenuantes para os pecados e, exaltando o mérito, é preciso respeitar as contingências de condição, dar à sociedade o que é de justiça dar-lhe.

A partir daí, a obrigação de responder pelo outro reveste-se de todo o rigor do incondicional.

> Aquele que diz que costela significa face está de acordo com os dois *yod* de *vayitzer* (Gn 2, 19); como é que aquele que diz que costela significa cauda se arranja com os dois *yod* de *vayitzer*? Terá de seguir a lição do rav Simão ben Pazzi. Porque ele diz que os dois *yod* de *vayitzer* significam: "Infelicidade para mim por causa de meu Criador, infelicidade para mim por causa de minha má tendência."

Expliquemos essa linguagem: a opinião segundo a qual a costela retirada de Adão para a criação da mulher era um lado do humano — uma face — interpretará, certamente, os dois *yod* da palavra *vayitzer* como alusão à dualidade originária do masculino e do feminino em Adão; mas que sentido dará então aos dois *yod* de *vayitzer* aquele que entende por costela um apêndice qualquer do humano (e que traduzimos por cauda)? Resposta: seguirá a interpretação dada pelo rav Simão ben Pazzi, opinião que devemos interpretar com mais elevação: o homem está dilacerado entre sua natureza de criatura e a Lei que lhe vem do Criador. Concordar em que a relação sexual propriamente dita não é senão uma "peripécia" do humano é situar a vida espiritual da humanidade na preocupação de equilibrar uma existência dilacerada entre a natureza e a Lei; e mais geralmente ainda, talvez: a cultura não é determinada pela libido.

Mas a divisão do humano em feminino e masculino na sua relação com a humanidade do homem abre ainda outras perspectivas:

> Aquele que diz que costela significa face concorda com o texto que diz: "macho e fêmea, os criou simultaneamente" (Gn 5, 2). Como é que aquele que diz que costela significa cauda se arranja com "macho e fêmea, os criou simultaneamente"?
>
> É preciso seguir a lição do rabi Abahu. Porque o rabi Abahu objetou: "Está escrito (Gn 5, 2): 'Ele os criou macho e fêmea'; e está escrito (Gn 9, 6): 'O homem foi feito à imagem de Deus.' Como é possível? Ele teve primeiro a idéia de criar dois e, no final das contas, criou apenas um."

Se costela significa "lado", a face feminina iguala, no primeiro homem, a face masculina. Encontramos então o sentido de "Macho e fêmea, os criou simultaneamente". É possível que a criação da mulher, a partir de uma articulação menor do homem, possa valer tanto quanto a maravilhosa idéia da mulher logo de saída igual ao homem, da mulher como "o outro lado" do homem?

Não se trata, em toda essa busca, da possibilidade conjunta de versículos; não se trata de ajustamentos entre textos, mas de um encadeamento de idéias em suas múltiplas possibilidades. O problema, em cada um dos itens que comentamos neste momento, consiste em conciliar a humanidade dos homens e das mulheres com a hipótese de uma espiritualidade do masculino, não sendo o feminino seu correlativo, mas seu corolário, a especificidade feminina ou a diferença de sexos que anuncia não se situando, de saída, à altura das oposições constitutivas do Espírito. Audaciosa questão: como a igualdade dos sexos pode provir da prioridade do masculino? Isso, seja dito de passagem, nos afasta de toda maneira da idéia simples da complementaridade.

Hierarquia ou igualdade.

Mas nosso texto se pergunta em que a idéia de dois seres iguais — homem e mulher — no primeiro homem é a "idéia mais bela". Será que ser feito à imagem de Deus significa, de saída, simultaneidade do macho e da fêmea? Eis a resposta do rav Abahu: "Deus quis criar dois seres, macho e fêmea, mas criou à imagem de Deus um ser único." Não criou tão bem quanto sua primeira idéia. Teria então desejado — ouso dizer — acima de sua própria imagem! Ele quis dois seres. Quis, de fato, que houvesse, de saída, igualdade na criatura, e que não houvesse mulher saída do homem, mulher que viesse depois do homem. De saída, quis dois seres separados e iguais. Mas isso não era possível; essa independência inicial dos seres iguais provavelmente teria sido a guerra. Não seria possível proceder dentro de estrita justiça, pois ela exige, de fato, dois seres separados; seria preciso, para criar um mundo, que os fizesse subordinados um ao outro. Seria necessária uma diferença que não comprometesse a eqüidade, uma diferença de sexo; e, a partir daí, uma certa preeminência do homem, uma mulher vinda mais tarde e, como mulher, apêndice do humano. Compreendemos agora a lição. A humanidade não é pensável a partir de dois princípios inteiramente diferentes. É preciso que haja o *mesmo* comum a esses *outros*: a mulher foi retirada do homem, veio depois dele; *a própria feminilidade da mulher está nessa posteridade inicial*. A sociedade não se constituiu segundo princípios puramente divinos; o mundo não teria valido. A humanidade real não admite uma igualdade abstrata sem nenhuma subordinação de termos. O que não teria havido de cenas domésticas entre membros do primeiro casal de perfeita igualdade! Era preciso haver subordinação e era preciso haver ferida, era preciso, e é preciso, uma dor para unir os iguais e os desiguais.

> Aquele que diz que costela significa face pode concordar com o texto (Gn 2, 21): "E formou um tecido de carne em seu lugar." Como se arranja aquele para quem costela significa cauda? O rav Irmia, e, segundo outros, o rav Zvid, e, segundo outros, o rav Nahmã bar Itzak, ensinou: "A carne só era necessária para o lugar da incisão."

Como se pode falar dessa carne que foi criada para preencher o vazio no caso em que a costela da qual a mulher tinha sido feita não era senão um apêndice? A família teria nascido sem que houvesse feridas a curar? Se a costela era face, compreende-se que a separação de duas faces já é uma separação entre seres, que deixa uma ferida, uma cicatriz aberta, e que haveria necessidade de carne para fechá-la. O rav Irmia ensina-nos que a importância da chaga não é o ponto determinante. É suficiente que tenha havido rasgadura.

A aparência.

Mas há na mulher, essa igual, essa companheira, aspectos essenciais para além da face.

> Aquele que diz que a costela significa cauda pode se arranjar com a fórmula (Gn 2, 22): "O Eterno Deus organizou a mulher com a costela que tinha tomado ao homem." Como se arranja aquele que disse que costela significa face? É preciso seguir, aqui, o rabi Simão ben Menassia. O rabi Simão ben Menassia ensinou: "Para o texto 'Ele organizou a mulher com a costela', é preciso compreender que o Santo-abençoado-seja fez tranças para Eva e a levou a Adão, porque, nas terras de além-mar, trança se chama *bnaita*, construção."

Há, no feminino, face e aparência, e Deus foi o primeiro cabeleireiro. Criou as primeiras ilusões, a primeira maquiagem. *Construir* um ser feminino é imediatamente cuidar da aparência. "Era preciso dar-lhe um jeito nos cabelos." Há, na face feminina e na referência entre sexos, esse apelo à mentira ou ao

DO SAGRADO AO SANTO

arranjo da selvagem retidão de face-a-face, à relação entre seres humanos se aproximando na responsabilidade de um para com o outro.

Outra explicação: o rav Hisdá disse — e outros dizem que isso foi ensinado numa *braita*: "O texto nos ensina que o Santo-abençoado-seja construiu Eva como um depósito de trigo; exatamente como o depósito de trigo é estreito no alto e largo embaixo para armazenar a colheita, assim a mulher é estreita no alto e larga embaixo para receber a criança."

Para além da face que todo mundo esquece! Para além da sexualidade, gestação de um novo ser! A relação com o próximo pelo filho...

Não é, pois, em termos de igualdade que se põe todo o problema da mulher. E a partir de agora nosso texto procurará mostrar a importância de uma certa desigualdade, ainda que ela se deva puramente ao costume. Mas é tarde, irei, de agora em diante, passando rapidamente pelo texto. Das duas faces, a masculina e a feminina, qual comanda a caminhada? Aqui, a igualdade, sem mais considerações, leva ao imobilismo ou à implosão do ser humano. A Guemara opta pela prioridade do masculino. Um homem não deve caminhar atrás da mulher, porque suas idéias podem se perturbar. Primeira razão, produto, talvez, da psicologia masculina. Supõe-se, caso se leve em consideração essa razão, que a mulher traz o erotismo em si de um modo natural. Se um homem encontra uma mulher sobre uma ponte — as pontes antigas são espaços estreitos —, é preciso que se esforce para andar ao seu lado na travessia, ainda que essa mulher seja sua própria esposa. É proibido atravessar um vau atrás de uma mulher, porque, atravessando um vau, a mulher mostrará um pouco de suas partes baixas; a relação entre humanos vai se tingir de concupiscência. Um homem não deve dar dinheiro a uma mulher diretamente. Nem mesmo se as intenções forem as mais honradas, pois assim ele pode estar criando uma ocasião de se interessar por ela. O princípio é mais sadio do que esse rigorismo fora de moda: as relações entre seres iguais não podem servir de pretexto a equívocos; "ainda que o homem que faça isso esteja cheio da Torá e de boas ações, como Moisés, está condenado ao inferno". O tema da prioridade masculina se acentua sem levar em consideração, na relação entre homem e mulher, a relação de homem para homem. Questão: Manué, o pai de Sansão, é tratado de ignaro e de inculto, porque está dito na Escritura: "E Manué caminhava atrás de sua mulher." Mas o profeta Eliseu não seguia a sunamita? Resposta: seguir talvez se entenda no sentido de tomar conselho. Ponto essencial: na ordem entre humanos, igualdade perfeita e até superioridade da mulher, capaz de dar conselho e direção. Segundo o costume, é preciso, contudo, que independentemente de qualquer finalidade, seja o homem que indique a direção da caminhada.

A ordem dos perigos.

Trata-se agora de situar a relação com a mulher como mulher entre outras relações humanas:

> O rabi João disse: "Atrás de um leão, e não atrás de uma mulher; atrás de uma mulher, e não atrás de um idólatra; atrás de um idólatra, e não atrás de uma sinagoga (do lado oposto à entrada), quando a comunidade reza."

Proibição bem terra-a-terra, certamente. Mas trata-se de situações extremas. Se há apenas dois caminhos e se há um leão num deles e uma mulher no outro, que caminho escolher? Diz o rabi João: "É melhor andar atrás do leão." Uma mulher e um idólatra? Siga a mulher. Andar atrás de um idólatra ou achar-se atrás de uma sinagoga (do lado oposto à entrada)? Ande atrás do idólatra.

Andar atrás do leão: viver a vida, luta e ambição. Viver todas as crueldades da vida, sempre no contato com os leões, ou, pelo menos, com guias humanos, que podem bruscamente se voltar mostrando-lhe sua face de leão. Andar atrás da mulher, escolher as doçuras do íntimo, talvez o arrulho fora das grandes perturbações e dos grandes golpes que marcam o real? Que paz na intimidade amorosa! O texto da Guemara prefere a essa intimidade o perigo dos leões. Defendia-se muito o feminino hoje, aqui, como se a relação com ele não fosse senão o encontro do Outro por excelência com todas as excelências de um tal encontro. Que há de equívoco nisso, do claro-escuro da famosa vida sentimental (mesmo quando ela pretende se elevar acima do prazer)? Que há nisso de todos os abismos, de todas as traições, de todas as perfídias, de todas as pequenezas?

Mas nosso texto prefere ainda o caminho sentimental à idolatria. A idolatria, é sem dúvida, o Estado, o protótipo da idolatria, uma vez que ele adora ser ídolo; idolatria é também o culto dos deuses gregos, e nasce daí toda a atração do helenismo. É provavelmente por causa dessa evocação da Grécia pelo vocábulo idolatria que a idolatria ainda pode ser preferível a alguma coisa! Mas ela engloba também todas as tentações intelectuais do relativo, do exotismo e da moda, tudo aquilo que nos vem das Índias, tudo aquilo que nos vem da China, tudo aquilo que nos vem das pretensas "experiências" da humanidade que não se poderia recusar.

A quarta coisa é a pior; pior do que o modismo entusiástico pela idolatria. O isolamento no seio do judaísmo, o *não* dito à comunidade. Estar atrás de uma sinagoga cheia de gente é a suprema apostasia; dizer: não tenho nada a ver com isso, isso é com os iranianos, e não com os israelitas, isso é com os judeus emigrados, e não com os judeus franceses. Aqui a condenação é sem esperança.

Mas há circunstâncias que autorizam quatro exceções:

> Entretanto, esse último ponto só vale para aquele que não carrega nenhum fardo; caso se carregue um fardo, isso não será nada. E isso não se aplica senão quando não há outra saída; quando há outra saída, isso não é nada. E isso não se aplica senão quando ele não está montado num jumento; quando ele está no dorso de um jumento, isso não é nada. E isso não se aplica senão quando ele não usa os *tefilim*; se ele está usando os *tefilim*, isso não é nada.

Em que momento o isolado diante da sinagoga é condenável? Quando o homem atrás de uma sinagoga cheia de gente, isolado do lado em que não há porta, não carrega um fardo; se está atrás da sinagoga carregando um fardo, merece indulgência. Não se entra, de fato, com um saco de trigo nas costas numa sinagoga. Mas a exceção significa mais. É possível revoltar-se contra a sinagoga por causa do intolerável fardo que se carrega. Perdoemos essa revolta!

Segunda exceção: o homem está montado num jumento: não se pode entrar na sinagoga montado num jumento; nem sempre se pode estacionar seu carro. Mas o jumento também é aquilo que você carrega, uma influência sofrida, uma corrente de opinião ou de idéias não necessariamente inteligente, mas muito obstinada. Indulgência! Indulgência!

A terceira exceção diz respeito àquele que se acha do lado oposto à entrada da sinagoga, mas do lado em que há uma outra porta. Sua revolta contra a sinagoga é possivelmente a busca de uma outra porta. Ele se isola da comunidade de Israel para melhor entrar lá. Seu caso não é desesperado.

Última exceção: o caso daquele que, longe de qualquer entrada, usa ainda os *tefilim*. Ele conserva, apesar do judaísmo que o revolta, o mínimo de ritos. Por isso não está perdido.

Vocês vêem então: o feminino está muito bem situado nessa hierarquia dos valores que se apresenta no momento em que as escolhas se tornam alternativas. Há o segundo lugar. Não é a mulher que é assim ignorada. É a relação baseada na diferença dos sexos que está subordinada à relação entre humanos — irredutível às forças e aos complexos da libido —, relação à qual a mulher se eleva como o homem. Talvez o homem preceda — em alguns séculos — a mulher nessa elevação. Donde uma certa prioridade — provisória? — do homem. Talvez o masculino seja mais diretamente ligado ao universal e a civilização masculina teria preparado, acima do sexual, a ordem humana na qual entra a mulher, humana por inteiro.

Mas quem é o homem que se acha atrás da sinagoga do lado em que não há nenhuma porta, o homem mais perdido do que um idólatra? Pergunto-me se não será aquele que, fora dos ritos e das leis que são a *carta*, acredita-se "em espírito e em verdade" na intimidade mais íntima do ser. E ei-lo lançado nos abismos da interioridade sem fronteiras. Interioridade que nunca devolveu aquele que conseguiu seduzir.

QUINTA LIÇÃO

Os prejuízos causados pelo fogo

BABA KAMA, P. 60a-60b

Mishna.

Se alguém provoca um incêndio que consome madeira, pedras ou terra, é devedor de indenização, porque está escrito (Ex 22, 6): "Se o fogo arde, chega às sarças e um monte de trigo é devorado, ou a colheita de trigo previamente vendida, ou o campo de outro, o autor do incêndio tem a obrigação de pagar."

Guemara.

Ravá disse: "Por que o Misericordioso escreveu *sarças, monte de trigo, colheita previamente vendida e campo?* Isso é indispensável. Se o Misericordioso tivesse escrito só *sarças,* acreditar-se-ia que Ele só exige reparação para as sarças, que estão especialmente expostas às chamas e em relação às quais freqüentemente não há culpado por negligência; mas que Ele não obriga à indenização por um monte de trigo, que o fogo raramente devasta e em relação ao qual tomam-se precauções. Se o Misericordioso tivesse escrito só *monte de trigo,* acreditar-se-ia que Ele só designa o responsável pelo incêndio de um monte de trigo, com prejuízo grande, mas que Ele libera a responsabilidade quando se trata de sarças, em que o prejuízo é pouco importante.

Por que então *trigo previamente vendido*? Como se é responsável pela safra de trigo vendida, que se abre a nossos olhos, também se é responsável por todas as coisas abertas a nossos olhos. Mas por que então, para o rabi Judá, a safra de trigo vendida seria citada, enquanto ele acha que a pessoa é responsável pelos estragos que o fogo causa mesmo às coisas escondidas? Para incluir tudo que está de pé (tudo que está pegado à terra). Como então a responsabilidade por tudo que está de pé é deduzida pelos sábios? Chegam a essa conclusão através da conjunção "ou" ("*ou* a colheita previamente vendida"). Que significa esse "ou" para o rabi Judá? Serve para que ele separe (tornar a indenização obrigatória mesmo quando se trate de uma parte dos estragos enumerados). Que é que permite separar segundo os rabinos? A segunda conjunção "ou" ("*ou* o campo de outro").

Que faz o rabi Judá com esse "*ou*" (o segundo)? De acordo com ele, a segunda conjunção estabelece uma simetria com o "ou" da colheita previamente vendida. Por que é evocado o campo? Para incluir (na indenização) o fato de que o fogo lambeu os sulcos da plantação e calcinou as pedras.

O Misericordioso teria podido escrever *campo* e estaria dispensado de dizer todo o resto? O resto é necessário: se ele só tivesse escrito campo, poder-se-ia pensar que, para os produtos do campo, deve-se efetivamente reparação, mas, para as outras coisas, não. Quer nos fazer entender que também se é responsável por todo o resto.

O rabi Simão bar Namani, em nome do rabi Jônatas: "As provas só chocam o mundo por causa dos perversos que estão nele, mas elas só começam pelos justos, porque está dito: 'Se o fogo arde e chega às sarças.' Quando o fogo arde? Quando chega às sarças; mas o fogo só começa a devorar os justos, porque está dito: 'E um monte de trigo é devorado'; não está dito: 'quando ele devora o monte de trigo', mas: 'Quando o monte de trigo é devorado'; é que o monte *já* está devorado."

O rav Josefo ensinava: "Está escrito (Ex 12, 22): 'Que nenhum de vós transponha então a soleira de sua casa até de manhã'; desde que, ao anjo exterminador, é dada a liberdade, ele não distingue mais entre justos e injustos; melhor ainda, ele começa pelos justos, porque está escrito (Ezequiel 21, 8): 'Extirparei de ti justos e ímpios.'" Então o rav Josefo chorou: "E um tal versículo ainda por cima! Aqueles (os justos) não são levados em conta para nada." Abaiê lhe disse: "É um favor para eles, porque está dito (Isaías 57, 1): 'Os homens de bem são eliminados antes que a infelicidade se manifeste.'"

O rav Judá disse, em nome de Rab: "É uma regra; é preciso entrar numa hospedaria em pleno dia e retomar a estrada em pleno dia, porque foi dito (Ex 12, 22): 'Que nenhum de vós transponha então a soleira da casa até de manhã.'"

Há uma *braita*: Se há uma epidemia numa cidade, retarda teus passos para entrar ali, porque está dito: "Que nenhum dentre vós transponha então a soleira da casa até de manhã"; e depois está dito (Isaías 26, 20): "Vai, meu povo, recolhe-te em tuas casas e fecha as portas atrás de ti, até que a borrasca tenha passado, esconde-te"; e depois está dito (Dt 32, 25): "Fora, a espada fará vítimas, dentro será o terror."

Por que esse *depois*? Acreditar-se-ia que tudo isso se aplica à noite, mas não ao dia. Eis porque está dito: "Vai, meu povo, recolhe-te a tuas casas e fecha as portas atrás de ti." Mas seria possível acreditar que tudo isso só vale se no interior da casa (dentro) não há terror e que, se dentro há terror, mais vale juntar-se à sociedade das pessoas. É por isso que se diz: "Fora a espada fará vítimas." Mesmo se dentro há o terror, fora a espada fará vítimas. Ravá vedava as janelas (de sua casa) na época da epidemia, porque está dito (Jeremias 9, 20): "Porque a morte subiu por nossas janelas."

Existe uma *braita*: Se a fome está na cidade, dispersa (alarga) teus passos, porque está dito (Gn 12, 10): "Houve uma fome no país. Abraão desceu para o Egito para ali se demorar por algum tempo." E mais, está dito (2Rs 7, 4): "Se decidimos entrar na cidade, a fome está lá e lá morremos." Para que serve esse *e mais*? Poder-se-ia acreditar que isso só vale quando no lugar para onde se vai nenhum perigo ameaça a vida, mas que isso não vale para o caso em que a emigração leva ao perigo. É porque está dito: "Muito bem, vamos nos lançar no acampamento dos sírios; se eles nos deixarem com vida, viveremos."

Há uma *braita*: Se o anjo da morte está na cidade, não se deve andar no meio da rua, porque ele circula no meio da rua; beneficiando-se da liberdade que lhe é concedida, ele anda publicamente; se a cidade está em paz, não se deve andar pelos cantos da rua, porque, não se beneficiando de liberdade, o anjo da morte avança se escondendo.

Há uma *braita*: Se há epidemia numa cidade, não se deve ir isolado à casa de orações, porque é lá que o anjo da morte guarda seu material; mas isso só é verdadeiro no caso em que as crianças de escola não lêem a Escritura e em que não há dez pessoas para lá fazerem sua oração.

Há uma *braita*: Se os cães uivam, é que o anjo da morte entrou na cidade; se os cães estão alegres, Elias entrou na cidade. Mas com a condição de que não haja, entre eles, nenhuma cadela!

O rav Ami e o rav Assi estavam sentados diante do rabi Itzak, o ferreiro. Um queria saber sobre Halachá, outro sobre Agadá. Quando ele começava uma Halachá, o segundo o impedia de continuar; quando ele começava uma Agadá, o primeiro o impedia. Então ele disse: "Vou lhes contar uma parábola. Isto se compara a um homem que tinha duas mulheres, uma jovem e uma velha; a jovem lhe arrancava os cabelos brancos, a velha lhe arrancava os cabelos pretos, até que ele se tornou careca dos dois lados." Disse a eles então: "Vou contar-lhes uma história que agradará a todos dois. Se um fogo arde e atinge as sarças, avança por si; então, aquele que pôs fogo deve pagar. O Santo-abençoado-seja-Ele disse: Acendi um fogo em Sião como está dito (Lm 4, 11): 'Ateou um incêndio em Sião que devorou até as fundações' e eu a reconstruirei um dia com o fogo, como está dito (Zacarias 2, 9): 'E eu serei uma muralha de fogo em volta dela e serei motivo de glória no meio dela.' Assim, aquele que põe fogo deve pagar. O Santo-abençoado-seja-Ele disse: 'Devo pagar pelo fogo que acendi.' Uma Halachá: começa-se por uma indenização à qual se está obrigado em função daquilo que vos pertence e termina-se por uma indenização devida por causa de um estrago causado à própria pessoa, a fim de ensinar a vós que o dano causado pelo fogo se compara ao dano causado pela flecha."

OS PREJUÍZOS CAUSADOS PELO FOGO

Vamos começar por distribuir o texto. É o momento em que tremo mais, não de medo que o texto contenha coisas fortes que vocês vão ouvir, mas porque me sinto sempre inferior a meu texto. Não é uma questão de estilo, de falsa modéstia, é a afirmação feita, uma vez mais, de que esses textos contêm mais do que eu saberia encontrar neles. Mas, estranhamente, a sabedoria judia conserva o estilo de seu mestre Moisés, que foi "de boca inábil e de língua pesada". Não se trata de um defeito pessoal e que se perpetua. É o estilo objetivo de um pensamento que não chega a se casar com as formas da retórica. É a inspiração tal qual inspira no contato com as duras, complexas e contraditórias realidades. Um sermão no vale. No vale das lágrimas. Sermão sem eloqüência.

O fogo destruidor.

Senhor Presidente, Senhoras e Senhores, eis então o texto que, além de seu ritmo diversificante e atrapalhado, está mal traduzido, às pressas. Em primeiro lugar, não se refere à guerra.[1] Esta página 60 do tratado de *Baba Kama* fala dos prejuízos causados pelo fogo e das responsabilidades que implicam. Aí não está em questão a guerra, mas o fogo destruidor e, mais adiante, as epidemias, a fome — tudo isso causando estragos e morte. Tais são também os efeitos da guerra. Pode-se chegar, a partir daí, à *essência* da guerra? Ou ao que é mais guerra do que a guerra? É sem dúvida a isso que nossa leitura interpretativa nos levará.

Vista em seus efeitos, a guerra seria abordada aqui sobre ou fora de suas condições positivas, políticas e sociais. De saída, parecemos nos afastar do assunto. Mas a discussão sobre as res-

---
[1] Esta palestra foi pronunciada no quadro de um colóquio consagrado à guerra.

ponsabilidades que um fogo destruidor determina da mesma forma contesta a fatalidade da destruição. Num certo sentido, parece que nos aproximamos da tese da racionalidade da guerra, de que falava há pouco Robert Misrahi.[2] Jamais essa racionalidade será, certamente, posta em dúvida na seqüência do texto; mas, nascida das relações humanas, a violência permanece à beira dos abismos onde, em um certo momento, tudo pode afundar, até mesmo a razão. Deixamos a guerra para ir a sua fonte última, que está em Auschwitz, e para onde ela se arrisca a voltar. A própria razão da guerra viria de uma loucura e nela se arriscaria a afundar.

Estrutura do texto.

Segunda característica do texto escolhido: ele é original. Não porque, texto talmúdico, seria, como todos os textos talmúdicos, inimitável. Ele é original em sua estrutura. Na verdade, é uma Halachá, quer dizer, uma lição que ensina uma *conduta* a ser mantida, que enuncia uma lei. Mas a Halachá no próprio texto, e *sem apelar para a interpretação do leitor*, transfigura-se em Agadá, em texto homilético, que, como vocês talvez saibam, é o modo sob o qual, no pensamento talmúdico, se apresentam visões filosóficas, quer dizer, o pensamento propriamente religioso de Israel. (Não me acuso de erro por ter aproximado em minha frase precedente filosofia e religião. Para mim, a filosofia deriva da religião. É invocada pela religião quando a religião está em desvio de rumo, e sempre, provavelmente, a religião está em desvio

---

[2] Ver o livro de Misrahi publicado pouco tempo depois da palestra, *La conscience juive face à la guerre*, P.U.F., 1976, cf. pp. 3-9.

de rumo.) E essa interpretação agádica da Halachá relativa ao fogo terminará por um novo ensinamento haláchico; o texto vai, então, da Halachá à Agadá, e da Agadá à Halachá. Essa é a estrutura original, notável em seu ritmo estilístico, mas não indiferente ao problema que nos preocupa. Eis as observações preliminares.

A extensão das responsabilidades.

O texto começa pela Mishna. Assim são chamadas as lições atribuídas à autoridade dos sábios rabínicos chamados **tanaítas**, detentores da revelação dita "lei oral" e que, segundo a fé professada por Israel, é transmitida de mestres a discípulos desde a Epifania sinaica.[3] Essa revelação seria independente das Escrituras, ainda que se refira a elas e inspire sua interpretação. A lei oral foi consignada por escrito no fim do II século de nossa era (quando terminam as gerações dos tanaítas), pelo rabi Judá Hanassi. Nossa Mishna anuncia a responsabilidade em que incorre quem provoca incêndio em um campo.

> Se alguém provoca um incêndio que consome madeira, pedras ou terra, é devedor de indenização, porque está escrito (Ex 22, 6): "Se o fogo arde, chega às sarças e um monte de trigo é devorado, ou a colheita de trigo previamente vendida, ou o campo de outro, o autor do incêndio tem a obrigação de pagar."

---

[3]Leibniz, que tinha lido e admirado Maimônides, conhece essa doutrina da lei oral: "... Moisés não tinha absolutamente introduzido em suas leis a doutrina da imortalidade das almas: ela estava de acordo com seus sentimentos, *era passada de boca em boca...*" (ed. Gerhardt, vol. 6, p. 26). O grifo das últimas palavras da citação é nosso.

Esse texto parece claro. Mas a Guemara o comenta em três quartos de página, dele deduzindo as diversas categorias de bens indenizáveis. A Guemara justificará o emprego de cada palavra; e até as partículas sintáticas que aí aparecem significarão ensinamentos. Recordemos primeiro o que significa a palavra Guemara. É a consignação por escrito das discussões levantadas pela Mishna nas gerações de doutores rabínicos, continuadores dos tanaítas e chamados amoraim. Em sua hermenêutica, recorreram especialmente às tradições tanaíticas não incluídas no código do rabi Judá Hanassi e chamadas, por esse motivo, *braitot*, "exteriores". Nossa Guemara é enunciada dando-se o ar de se espantar com a aparente prolixidade do texto citado de Êxodo 22, 6 e explicando-o passo a passo:

> Ravá disse: "Por que o Misericordioso escreveu *sarças, monte de trigo, colheita previamente vendida e campo?* Isso é indispensável. Se o Misericordioso tivesse escrito só *sarças*, acreditar-se-ia que Ele só exige reparação para as sarças, que estão especialmente expostas às chamas e em relação às quais freqüentemente não há culpado por negligência; mas que ele não obriga à indenização por um monte de trigo, que o fogo raramente devasta, e em relação ao qual tomam-se precauções. Se o Misericordioso tivesse escrito só *monte de trigo*, acreditar-se-ia que Ele só designa o responsável pelo incêndio de um monte de trigo, com prejuízo grande, mas que Ele libera a responsabilidade quando se trata de sarças, em que o prejuízo é pouco importante."

Que significa, preliminarmente, a palavra Misericordioso, *Rakmana*, que retorna freqüentemente nesse texto? Significa a própria Torá, ou o Eterno, o Eterno que se define pela misericórdia. Mas essa tradução é totalmente inconveniente. *Rakamim* — misericórdia, que evoca o termo aramaico para *Rakmana* — enraíza-se na palavra *Rekem*, que quer dizer útero. *Rakamim* é a relação do útero com o *outro*, no qual se faz a gestação. *Rakamim* é a própria maternidade. Deus é misericordioso, é Deus definido pela maternidade. Um elemento feminino está enternecido no fundo dessa misericórdia. Esse elemento maternal na paternidade divina é notabilíssimo, como é notável no judaísmo a noção de uma "virilidade" a ser limitada e da qual a circuncisão simboliza talvez a negação parcial, a exaltação de uma certa *fraqueza* que não significaria covardia; a maternidade é talvez a própria sensibilidade da qual se fala tão mal entre os nietzschianos.

Por que então o versículo citado pela Michna é tão verboso? A Guemara explica a utilidade das palavras "sarças", que indicam um gênero, e "monte de trigo", que indicam um outro, irredutível ao primeiro. Essa generalização, ou mesmo formalização, dos termos da Escritura é um procedimento característico da exegese talmúdica. É no mesmo espírito que se justifica desde logo a evocação do "trigo vendido previamente" (vendido no pé).

> Por que então *trigo vendido previamente*? Como se é responsável pelo trigo vendido no pé, que está aberto à vista, também se é responsável por todas as coisas abertas à vista.

É-se responsável, em caso de fogo, por todas as coisas expostas à vista. Mas aqui a discussão se complica, porque, segundo uma outra tradição, representada pelo rabi Judá, a responsabilidade pelo incêndio estende-se até mesmo ao dano causado aos bens não expostos à vista. Notemos a aparição aqui de uma responsabilidade que envolve aquilo que escapa à percepção e, em conseqüência, às precauções e aos poderes daquele que causou o mal. É preciso que o texto do Êxodo possa, de agora em diante, se justificar tanto para os doutores rabínicos, que entendem a responsabilidade como limitada ao olhar, como para aquele que a entende num sentido mais largo:

> Mas por que então, para o rabi Judá, o trigo vendido no pé seria citado se ele pensa que a pessoa é responsável pelos estragos que o fogo causa até às coisas escondidas?

Resposta:

> Para incluir tudo que está de pé (pegado à terra).

Até mesmo as árvores e os animais.
E os outros então? Como deduzem a indenização a ser paga pelas coisas que estão de pé?

> Como, então, é deduzida pelos doutores a responsabilidade por tudo que está de pé? Deduzem-na da conjunção "ou" (*"ou* a colheita previamente vendida").

Haveria nesse "ou" uma extensão da noção:

> Que significa esse "ou" para o rabi Judá? Serve-lhe para separar.

Esse "ou" importa na divisão: o causador é responsável não apenas no caso de as infelicidades enumeradas no versículo chegarem simultaneamente, mas também no caso de chegarem de modo isolado.

O que é então que logo permite "separar", segundo os rabinos, uma vez que eles já utilizaram "ou" para as coisas que estão de pé?

> A segunda conjunção "ou" ("*ou* o campo de outro").
> Que faz com esse segundo "ou" o rabi Judá? Estabelecerá, segundo ele, o equilíbrio com o "ou" da colheita vendida previamente.

Como conseqüência, o rabi Judá não lhe confere significação especial. Assim, o texto pode ser lido tanto na hipótese do rabi Judá como na hipótese dos doutores.

> Por que o campo é evocado? Para incluir o caso em que o fogo lambeu os sulcos e calcinou as pedras.

Enfim:

> O Misericordioso poderia ter escrito *campo* e estaria dispensado de dizer todo o resto? O resto é necessário. Se Ele só tivesse escrito campo, pensar-se-ia que para os produtos do campo deve-se efetiva reparação, mas para as outras coisas, não. Que também se é responsável por todo o resto, eis o que se quer que entendamos.

Eis portanto um texto rigorosamente haláquico. Sua significação geral é evidente: ela afirma a responsabilidade em relação a um dano causado por um sinistro, devido certamente à liberdade humana, mas que, como fogo, escapa logo aos poderes do culpado. O fogo, força elementar à qual outras forças elementares vão se juntar, multiplicando os estragos para além de toda previsão racional! O vento, nesse caso, acrescenta seus caprichos e suas violências. E entretanto a responsabilidade não é atenuada. O rabi Judá a estende aos bens escondidos para os quais nenhuma visão saberia chamar um salvador. Mas falamos da guerra? Não estamos em tempo de paz? Não há tribunais? Os magistrados não ostentam suas togas? As coisas não estão em seus lugares? Não há justiça? A menos que a força elemental do fogo já seja a intervenção do incontrolável, da guerra. Essa intervenção não anula as responsabilidades!

A racionalidade do irracional.

Mas eis que o texto — sem que isso se dê por alguma fantasia de intérprete moderno que busca paradoxos — transforma suas verdades jurídicas em verdades religiosas e morais:

> O rabi Simão bar Namani, em nome do rabi Judá, diz: "As provas só chocam o mundo por causa dos perversos que estão nele, mas só começam pelos justos, porque está dito: 'Se o fogo arde e chega às sarças.' Quando o fogo arde? Quando chega às sarças; mas só começa a devorar os justos, porque está dito: 'E um monte de trigo está devorado'; não está dito: 'Quando ele devora o monte', mas 'Quando o monte está devorado', é que o monte *já* está devorado."

"As provas só chocam o mundo por causa dos perversos..." É a guerra. É a moral comumente pregada. Se o Talmude só trouxesse verdades tão proverbiais não seria possível consultá-lo. Mas o rabi Simão bar Namani, que interpreta alegoricamente o versículo bíblico, tira mais disso: "As provas só começam pelos justos." É um pouco menos vulgar.

Mas a imagem das sarças não é instrutiva? "Quando o fogo arde? Quando chega às sarças." As sarças, o que pica! O picante de "pretensiosos", os paradoxos de intelectuais buscando idéias inéditas, como causa de violências? Mas talvez simplesmente os perversos. A injustiça no interior da sociedade faria surgir os exércitos exteriores. É uma velha idéia dos doutores rabínicos que o professor Henri Baruk assumiu à sua maneira, admirando a expressão bíblica "Deus dos exércitos", essa mesma que escandalizou Simone Weil (a filósofa). O Sr. Baruk acha que "Deus dos exércitos" é uma invocação sublime de Deus! Nela o divino significa que o mal social já contém em si as incoercíveis forças da guerra.

Mas o fogo começa por devorar os justos. Porque está dito do "monte de trigo" que ele "está devorado"; não está dito: "Quando o fogo devora o monte de trigo." O monte de trigo está "já devorado". O fogo começa por causa das sarças; começa, apenas, mas o monte de trigo *já* está devorado. É a irracionalidade da guerra? O retorno à ordem pela intervenção do elemental e do incontrolável? Esse é o tema de predileção do profeta Ezequiel, tal como os doutores rabínicos o interpretam, e que encontraremos mais adiante: os justos, antes de todos os outros, são responsáveis pelo mal. E o são por não terem sido suficientemente justos para fazer irradiar-se a justiça e suprimir a injustiça; é o fracasso dos melhores que deixa o campo livre para os piores. Mas assim haveria ainda uma razão até na irracionalidade da guerra: a justiça da história. E assim talvez se tratasse ainda de uma conjuntura que não escapasse inteiramente à vontade dos seres sensatos. O que está de acordo com o racionalismo político de Robert Misrahi, cujas possibilidades é preciso não esquecer nunca!

Mas pode-se entender a parábola das sarças e do monte de trigo de outro modo: os perversos provocam a guerra. Certamente. Aqueles que poderiam detê-la serão suas primeiras vítimas. Uma racionalidade se desenvolve ainda na intriga guerreira, mas não encontra mais a razão capaz de desmanchá-la. A razão da guerra se esgotaria no contra-senso.

Outra interpretação: são os justos que pagam pela perversidade do mal. Eis ainda uma violência que não é caótica: os justos são ainda diferentes dos perversos. Nosso texto não seria totalmente pessimista. A prioridade do justo seria mantida; a prioridade do justo tenderia à sua exposição ao sacrifício. O bem é a não-resistência ao mal e o dom da expiação.

A menos que, afinal, a *razão* da guerra consista na rigorosa *inversão* da razão. Segundo o tratado talmúdico de *Berakot*, Moisés reservou para o instante de sua suprema intimidade com Deus a questão mais importante para ele. A seguinte: "Por que os justos são ora prósperos, ora não prósperos, os injustos ora prósperos, ora não prósperos?" Não perguntou: "Por que os justos sofrem e os perversos prosperam?" A ordem rigorosamente invertida seria certamente diabólica, mas ainda atestaria um mundo *governado*. Moisés não temeu senão um mundo absolutamente contingente! Segundo a última interpretação da parábola das sarças e do monte de trigo que propusemos, haveria ainda uma direção na Criação: uma ordem. A ordem, qualquer que seja, cede à razão seu campo.

Para além de toda razão?

Daremos agora um passo a mais. Entramos no espaço da desordem total, do elemento puro que não está mais a serviço de nenhum pensamento. Para além da guerra! Ou talvez no abismo de onde todas essas forças incontroláveis procedem. Abismo que se abre a épocas excepcionais. A não ser que esteja sempre entreaberto, como uma loucura que dorme com um olho só no coração da razão.

> Ensinava o rav Josefo: "Está escrito (Ex 12, 22): 'Que nenhum dentre vós transponha então a soleira de sua casa até de manhã'; uma vez que, para o anjo exterminador, a liberdade está dada, ele não distingue mais entre justos e injustos; melhor ainda, ele começa pelos justos, porque está escrito (Ezequiel 21, 8): 'Extirparei de ti justos e ímpios.'" Então o rav Josefo chorou: "E um tal versículo ainda por cima! Aqueles (os justos) não contam para nada!"

Para o anjo exterminador, liberdade está dada. A palavra "exterminador", *hamashkit*, é fortemente expressiva no texto. Mas, no arbitrário da exterminação não se conserva ainda a prioridade dos justos — o tema de Ezequiel? Aparência enganosa!

Ouçamos os comentadores. Marchá diz: Um discurso tem que ter sempre um termo em primeiro lugar. Pode-se deduzir da impossível simultaneidade dos termos um ensinamento sobre a prioridade cronológica dos acontecimentos que eles designam? Essa dedução seria justificada aqui. Na verdade, quando Abraão, rezando por Sodoma, protesta contra a confusão dos justos e dos injustos, os justos também são os primeiros chamados, mas é a preposição "*im*", significando "com", que é empregada; enquanto em Ezequiel 21, 8, achamos a conjunção "*v*" significando "e". Ela permitiria conservar, no arbitrário da exterminação, a prioridade trágica do justo. Essa possibilidade é importante, porque mantém a permanência do problema: a última razão da violência guerreira afunda no abismo da exterminação para além da guerra? Ou a loucura da exterminação conserva um grão de razão? É a grande ambigüidade de Auschwitz. É a questão. Nosso texto não a resolve. Sublinha-a. Nosso texto não a resolve, porque a resposta aqui seria inconveniente como o é provavelmente toda a teodicéia.

A insignificância do justo.

O rav Josefo chorou pensando no versículo de Ezequiel: "E um tal versículo ainda por cima! Os justos não contam para nada!" Talvez o rav Josefo se acreditasse justo e chorasse reconhecendo sua condição como pouco invejável. Mas pode-se repensar seu pensamento e fazer com que as lágrimas vertam mais nobremente. Os justos podiam ainda esperar que sua morte salvasse o mundo. E eis que morrem primeiro e que os injustos perecem com eles. A santidade então não serve para nada. É absolutamente inútil, absolutamente gratuita; gratuita para aqueles que nela morrem, certamente, mas gratuita sobretudo para o mundo cujo pecado essa morte deveria expiar. Sacrifício inútil!

É então que intervém Abaiê.

Abaiê lhe disse: "É um favor para eles, porque está dito (Isaías 57, 1): 'Os homens de bem são eliminados antes que a infelicidade se manifeste.'"

Abaiê consola o rav Josefo: os santos e os justos, desaparecidos os primeiros, não verão a infelicidade do mundo. Consolação relativa. Último eco de racionalidade no abismo entreaberto. Mas consolação na medida da justiça dos justos e que leva em conta a injustiça escondida no fundo de sua justiça; que leva em conta a insuficiência de qualquer perfeição pessoal da justiça privada. Justiça punida, mas punida com justiça. Os textos de Ezequiel se abrem para a impossibilidade da justiça privada; da justiça dos justos, que se salvam eles próprios, que pensam em si próprios e em sua salvação. A existência dos perversos, por sua vez, atesta, na verdade, a falha da justiça dos justos. Eles são responsáveis pelo mal que subsiste. Pensamento homilético, mas a homilia não é eloqüência. Os santos, os monges e os intelectuais em sua torre de marfim são justos puníveis. Assim, são os fariseus, no sentido não nobre do termo, que o judaísmo é o primeiro a denunciar. Os justos puníveis são talvez também o povo judeu quando se fecha em sua vida comunitária e se contenta com a sinagoga; como a Igreja satisfeita com a ordem e a harmonia que reinam em seu recinto.

A consolação de Abaiê — os justos terão uma recompensa negativa — sustará as lágrimas do rav Josefo se ele sofre pelos outros? Não ver o sofrimento do mundo não é dar fim a ele. Abaiê, que concede aos santos a ignorância do sofrimento dos outros, é talvez tão pessimista quanto o rav Josefo, que chora.

DO SAGRADO AO SANTO

Estamos, nessa punição dos justos e em sua recompensa, muito longe da antropologia do Ocidente e de sua insistência sobre a perseverança no ser, sobre o famoso *conatus* descrevendo a *essência* do homem. A humanidade é o fato de sofrer pelo outro e, até em seu próprio sofrimento, sofrer com o sofrimento que meu sofrimento impõe ao outro. Antropologia paradoxal que anima o pequeno livro de Haim de Volozine, *Nefèch Ha'haïm*, e na qual o *humano* aparece como a ruptura do *ser* e da *perseverança no ser*, e somente assim como relação com Deus.

A noite.

Ao tema da exterminação sem justiça segue-se um texto que não parece se ligar a ele, a não ser por sua referência ao mesmo versículo do Êxodo (12, 22). Meu esforço de comentador parte, entretanto, da hipótese de que o Talmude não é uma simples compilação. De resto, estou persuadido disso, apesar das aparências em contrário, e atribuo sempre minhas dificuldades para achar essa coerência e essa lógica profunda dos dizeres talmúdicos à pobreza de meus meios. Não se pode jamais publicar nada sob o título de "pensamento judeu" enquanto não se tenha achado essa lógica.

> O rav Judá disse, em nome de Rab: "É uma regra: é preciso entrar numa hospedaria em pleno dia e retomar a estrada em pleno dia, porque foi dito (Ex. 12, 22): 'Que nenhum de vós transponha então a soleira da casa até de manhã.'"

A suspensão da justiça, a hora do anjo exterminador, é a noite. A separação entre a luz e a treva é mencionada desde o início da Bíblia. Ora, o termo hebraico utilizado pelo rav Judá falando em nome de Rab, e que tenho traduzido por "em pleno dia", é a fórmula *ki tov* de Gênesis 1, 4, termo que se segue imediatamente à criação da luz e afirma sua excelência. Não se pode nem deixar seu lar nem buscar refúgio à noite. O rav Judá diz: é a regra. As relações entre humanos exigem a claridade do dia; a noite é o próprio perigo de uma injustiça pairando sobre os humanos. Haveria uma distinção a fazer entre as guerras do dia, que se conformam à filosofia política de Robert Misrahi, e aquelas que se prolongam e que entram na noite, quando a razão não é mais mestra das forças desencadeadas? Não haveria aí guerras que se prolongam e se terminam pelo "holocausto" no qual aparece o exterminador e no qual a justiça não tem mais controle? Curiosamente, na Bíblia os eleitos do Eterno se levantam cedo quando vão cumprir sua missão. "E Abraão se levantou bem cedo..." "E Moisés se levantou bem cedo." E Josué se esforçou para parar o sol para acabar sua guerra na claridade. Aqueles, entretanto, iam cumprir um mandamento divino e tomaram a precaução de partir de manhã. Mais forte razão terá de haver para nós, que entramos em relação com o próximo sem ter missão incontestável. Mas a opinião do rav Judá, que ignora a confusão da noite, é no entanto reconfortante, lembrando a fronteira estabelecida desde o primeiro dia da criação entre o dia e a noite.

DO SAGRADO AO SANTO

A noite em pleno dia.

O que vem agora é mais angustiante. Há infiltração da noite no dia. Não se fala mais de fogo, fala-se de epidemia. A luta dos médicos contra a epidemia é menos clara do que a dos bombeiros contra o fogo. O elemental, o incontrolável, está para além da guerra ainda visível: a epidemia está por toda parte, suas fronteiras não estão circunscritas. E como há contradições que tornam a situação sem saída na passagem seguinte!

> Há uma *braita*: Se há uma epidemia em uma cidade, retarda teus passos para entrar ali, porque está dito: "Que nenhum de vós transponha então a soleira da casa até de manhã"; e depois está dito (Isaías 26, 20): "Vai, meu povo, recolhe-te em tuas casas e fecha tuas portas atrás de ti, até que a borrasca tenha passado, esconde-te"; e *depois* está dito (Dt 32, 25): "Fora, a espada fará vítimas, dentro será o terror."

Encontramos, em primeiro lugar, a idéia já enunciada desse instante em que o exterminador tudo pode fazer. Mas aqui, a referência não é unicamente ao versículo do Êxodo em que a recomendação de não sair de sua casa é dada na hora suprema da libertação de Israel do jugo egípcio e em que o "para além da guerra" não é talvez senão o terror das revoluções. Aqui, cita-se Isaías 26, 20, no qual a borrasca é pura ameaça: é preciso voltar à casa. Vocês vão ver aparecer todo o problema de Israel de hoje, com todas as dificuldades da volta. É preciso recolher-se à casa. "Voltar à casa até que a borrasca tenha passado." Não há outra salvação senão na volta para casa. É preciso ter uma interioridade na qual se possa refugiar-se, na qual se possa não mais participar do mundo. E mesmo se "dentro" — no refúgio ou na interioridade — é "o terror", é melhor ter uma pátria, uma casa ou um "foro íntimo" com terror do que estar fora. Se os americanos chamam isso de "esplêndido isolamento", têm sorte. Isso talvez, entre eles, seja esplêndido, porque dentro é sem terror!

Contradições que o texto que se segue sublinha:

> Por que esse *e depois*? Crer-se-ia que tudo isso se aplica à noite, mas não ao dia. Eis porque está dito: "Vai meu povo, recolhe-te em tuas casas e fecha as portas atrás de ti." Mas se acreditaria que tudo isso só vale no interior da casa (dentro), que não há terror e que, se dentro há terror, melhor teria sido juntar-se à sociedade das pessoas. É por isso que se diz: fora, a espada fará vítimas. Mesmo se dentro há terror, fora a espada fará vítimas. Ravá vedou na época da epidemia as janelas (de sua casa) porque está dito (Jeremias 9, 20): "Porque a morte subiu por nossas janelas."

Por que esse "e depois"? Por que essa acumulação de versículos? É que não há mais diferença entre o dia e a noite, entre o fora e o dentro. Acaso não sentimos aqui, para além de toda a violência submetida à vontade e à razão, o odor dos campos, mais fortemente do que há um momento? A violência não é mais, para além da moral, um fenômeno político da guerra e da paz. O abismo de Auschwitz ou o mundo em guerra. Mundo que perdeu sua "própria mundanidade". É o século XX. É preciso voltar para dentro, mesmo se dentro há o terror. O fato de Israel é um fato único? Não tem ele seu pleno sentido porque se aplica a toda a humanidade? Todos os homens estão à beira da situação do Estado de Israel. O Estado de Israel é uma categoria.

Sem saída.

Enquanto lá fora está a espada, dentro está o terror. Mas é preciso voltar para dentro. "Ravá vedou, na época da epidemia, as janelas (de sua casa) porque está dito: 'Porque a morte sobe por nossas janelas.'" Não fechava apenas as portas, mas fechava as janelas que dão para fora. Queria esquecer o exterior de modo total. Vedava as janelas porque o exterior estava intolerável. Esse exterior no qual há o medo ainda é o único refúgio. É o sem-saída. É o sem-lugar, é o não-lugar.

Passagem para mim central de todo o texto que comento: o sem-saída Israel é provavelmente o sem-saída humano. Todos os homens são de Israel. Direi à minha maneira: "Somos todos judeus israelenses." Nós, todos os homens. Essa interioridade é sofrimento de Israel como sofrimento universal.

Falar com o inimigo.

Sem saída e sem entrada! À recomendação de preferir o interior onde há o terror ao exterior perigoso se opõe uma outra solução de desespero: fugir para o perigo do exílio, fugir de modo "pleno"; não se trata mais de fogo, nem de epidemia, mas de fome.

> Existe uma *braita*: Se a fome está na cidade, dispersa (encomprida) teus passos, porque está dito (Gn 12, 10): "Houve uma fome no país; Abraão desceu ao Egito para ali se demorar por algum tempo."

Os comentadores, com sua grande piedade, fazem aqui uma distinção especial: à fome absoluta, exterminadora, pois levou um Abraão a deixar a Terra Prometida, opõem a saída da Terra Prometida de Elimelec (Rute 1, 2) que emigrou quando de uma fome ainda suportável. Como se tivesse ido tentar fortuna na América! Emigração condenável que está na origem da destruição da família de Elimelec (donde a beleza da conversão de Rute — conversão ou volta — volta daquela que nunca devia ter partido, nem para voltar — reviravolta das coisas ou possibilidade do Messias).

> Além disso, está dito (2Reis 7, 4): "Se nos decidimos a entrar na cidade, a fome está lá e lá morremos."

O texto que começa por aquele "além disso" relata a famosa história da Samaria cercada e faminta: leprosos expulsos da cidade se perguntavam se não deviam ir ao acampamento inimigo, até os assírios que sitiavam a cidade, para lá conseguirem alguma ração, uma vez que nada podiam esperar dos habitantes da cidade, sitiados e entregues eles próprios à fome. Que significa aqui essa convocação de Samaria? É precisamente a questão do texto:

> Para que serve aquele *"além disso"*? Pode-se acreditar que aquilo (fugir da fome) não é válido a não ser que, no lugar

para onde se vai, nenhum perigo ameace a vida, mas que isso não vale para o caso em que a emigração leve ao perigo; por isso é que está dito: "Muito bem, vamos nos lançar no acampamento dos assírios; se eles nos deixarem com vida viveremos."

Vocês não ignoram que tudo se arranjou sem os assírios. Quando os leprosos entraram em seu acampamento, os assírios não estavam mais lá. Já tinham fugido! Os leprosos famintos se lançaram primeiro sobre aquilo que acharam, e se disseram logo, tão leprosos que eram, que não era justo não anunciar a boa nova à cidade e excluir dos proveitos os que ficaram, não-leprosos, na cidade esfomeada. Vocês conhecem esse belo texto que não tenho necessidade de elogiar. O que importa aqui é a solução da "fuga para o perigo" nos momentos de exterminação; nos momentos de ameaça exterior e terror interior. Ir até mesmo aos sírios! Experiência secular de Israel. A não ser que não haja lá a indicação de uma saída para os humanos, uma idéia: ainda que sejam inimigos, pode-se esperar mais dos homens do que dessa coisa *elemental* — ou desse nada — que simboliza a fome. Posição favorável à tese de Robert Misrahi, ou favorável até àqueles que preconizam a paz a todo preço quando se está sozinho para arriscar? Não sei. Os leprosos a conseguiram porque os assírios já tinham fugido e eles se acharam sozinhos no acampamento vazio dos inimigos.

A *exterminação já começou*.

Mas eis uma concepção absolutamente contrária à racionalidade que seria mais forte do que a violência exterminadora:

> Há uma *braita*: Se o anjo da morte está na cidade, não se pode andar na rua, porque o anjo da morte circula no meio da rua; beneficiário da liberdade que lhe foi concedida, ele anda publicamente; se a cidade está em paz, não se pode andar pelos cantos da rua, porque, não se beneficiando da liberdade, o anjo da morte avança se escondendo.

Eis a ubiqüidade e a onitemporalidade da violência exterminadora: não há diferença radical entre a paz e a guerra, entre a guerra e o holocausto. A exterminação já começou em período de paz. Ainda que o anjo da morte não seja publicamente conhecido, não seja reconhecido e nomeado como tal! É a própria tese daqueles que unem ao holocausto a guerra e a miséria. A injustiça social e todas as formas de exploração não seriam senão o eufemismo do assassinato. Aqueles que, afinal de contas, dizem, como o professor Baruk, que Deus é verdadeiramente o Deus dos exércitos. Por toda parte se dissimulam guerra e assassinato, os assassinatos se escondem por todos os cantos, mata-se às escondidas. Não haveria diferença radical entre a paz e Auschwitz. Creio que não se vai mais longe no pessimismo. O mal ultrapassa a responsabilidade humana e não deixa mesmo um ângulo sequer intacto em que a razão possa se resguardar.

A não ser que essa tese seja precisamente um apelo a uma infinita responsabilidade do homem, a um incansável despertar, a uma absoluta insônia.

A paz das sinagogas.

Haveria ligação lógica disso com o que se segue? Nada de evasão no isolamento! Atenção para a paz do culto privado! Atenção para os sonhos numa sinagoga vazia!

> Há uma *braita*: Se a epidemia está em uma cidade, não se pode ir isolado à casa de orações, porque é lá que o anjo da morte guarda seu material; mas isso não é verdadeiro, a não ser no caso em que as crianças de escola não lêem a Escritura e em que não há dez pessoas para lá fazerem sua oração.

Mas sintam com discernimento aquilo que vem com o vento! Sigam os movimentos dos instintos!

> Há uma *braita*: Se os cães uivam, é que o anjo da morte entrou na cidade; se os cães estão alegres, Elias entrou na cidade. Mas com a condição de que não haja, entre eles, nenhuma cadela!

Não procurar refúgio na paz artificial das sinagogas e das igrejas! Já falamos disso. A não ser que a vida não esteja ausente delas, se há crianças que aprendem a Escritura, e se a oração ali procede de uma coletividade. Nada de pacificação na solidão. Não sei o que pensaria Clausewitz da tese segundo a qual as armas são armazenadas na sinagoga sem culto público e nos lugares santos que não são também escola. Mas é lá que nascem provavelmente as ideologias e as oposições e todos os pensamentos assassinos. Se há crianças que lêem a Escritura, os engenhos assassinos da vida interior perdem sua força explosiva.

Se os cães uivam, diz o último texto citado, é que o anjo da morte entrou na cidade; se os cães bravos estão alegres, é que Elias entrou — quer dizer, o precursor do Messias! Mas com a condição de que não haja entre eles nenhuma cadela!

A primeira relação é afirmada incondicionalmente: os cães uivam — pressentimentos instintivos, irracionais, os cães são os primeiros a sentir que o anjo da morte está lá. Mas, quando a juventude exulta e quando há otimismo nas avenidas, isso não prova absolutamente a aproximação do Messias. Não confundir erotismo e messianismo! Os cães contentes com a presença de uma cadela significam um dos aspectos enganadores da salvação pela juventude. Para a juventude, animada pelo puro ímpeto vital, e que nem sempre é ímpeto puro, os tempos messiânicos estão sempre próximos. Atenção para a qualidade da alegria! Vêem vocês que o Talmude é uma fina, alta e alegre ciência.

Halachá e Agadá.

Resta a última parte. É uma reviravolta no próprio modo do texto. A Agadá, na qual nos achamos desde o apólogo das sarças e do monte de trigo, transforma-se — conscientemente — em Halachá, para retornar e terminar como Agadá.

> O rav Assi e o rav Ami estavam sentados diante do rabi Itzak, o ferreiro. Um queria saber sobre Halachá e o outro sobre Agadá. Quando ele começava uma Halachá, o segundo impedia; quando começava uma Agadá, o primeiro impedia.

DO SAGRADO AO SANTO

O rabi Iztak é ferreiro. Conhece o manejo pacífico do fogo. Certamente, não aparece aqui por acaso. Vocês também vão ver que há uma ligação entre aquilo que se falou há pouco da juventude e a seqüência de nosso texto.

Então ele lhes disse: "Vou lhes contar uma parábola. Isso se compara a um homem que tinha duas mulheres, uma jovem e uma velha; a jovem lhe arrancava os cabelos brancos, a velha lhe arrancava os cabelos pretos, até que ele se tornou careca dos dois lados."

Sei que a calvície não é uma degradação, é apenas uma desnudação do crânio. Quando o crânio está cheio de inteligência — coisa que acontece —, esquece-se a calvície, mas às vezes se está desfigurado pela calvície.

Há Agadá e Halachá. Agadá e Halachá estão, neste texto, próximas da juventude e da velhice. Eu as definiria de modo totalmente diferente, dizendo: a Halachá é a maneira de se conduzir; a Agadá, a significação filosófica — religiosa e moral — dessa conduta. Não há certeza, entretanto, de que as definições se contradigam. É evidente que os jovens consideram que a Halachá são os cabelos grisalhos, puras formas, formas que perderam sua cor. A mulher jovem arranca-os: os jovens interpretam até extirpar as raízes dos termos. A mulher velha é o ponto de vista tradicional, a ortodoxia que toma os textos ao pé da letra. Ela os conserva em seu enfraquecimento. Para ela, não há texto a rejuvenescer; o cabelo branco resiste ainda. Vale alguma coisa. Ao contrário, ela arranca os cabelos pretos, que anunciam toda a vitalidade e toda a impaciência e a interpretação inovadoras. Trata-se da própria divisão da comunidade de Israel, de sua explosão em juventude e em não-juventude. Por toda parte, desde então, há violência.

Essa divisão em jovens e velhos, essa separação em revolucionários e tradicionalistas, é condenada. Contra o culto do tradicional e contra o culto do moderno! O espírito, aí, perde sua soberania. Uns querem renovar até achar uma religião de danças e de espetáculos; e os outros, por uma questão de respeito aos cabelos brancos, em tudo vêem frivolidade. Ora, o espírito não é bígamo! O terrível é essa bigamia de espírito representada pelas duas mulheres, velha e moça; a maturidade como conservadorismo e a juventude como busca do novo a qualquer preço.

O rabi Itzak, o ferreiro, traz uma conclusão:

> Então ele lhes disse: "Quero lhes contar uma história que agradará a todos dois."

Em outras palavras: vou construir uma Halachá que é uma Agadá, uma Agadá que é uma Halachá.

> Se um fogo arde e chega às sarças e avança por sua própria força, então aquele que pôs fogo deve pagar.

Mas eis a Halachá logo transformada em Agadá ou, mais exatamente, a aproximação de uma Agadá lida como Halachá:

> O Santo-abeçoado-seja-Ele disse: "Acendi um fogo em Sião como está dito (Lm 4, 11): 'Ele acendeu um incêndio em Sião que lá devorou até as fundações, e eu a reconstruirei um dia com o fogo', como está dito (Zacarias 2, 9): 'E eu serei uma muralha de fogo em volta dela, e serei motivo de glória no meio dela.'"

DO SAGRADO AO SANTO

A lição do rabino-ferreiro.

Em torno da ambigüidade Halachá-Agadá que existe em toda Halachá e em toda Agadá, que coisa nos ensina o rabi Itzak — qual é a lição do rabino-ferreiro — quem se sabe aí no uso pacífico das forças destruidoras — sobre a indenização dos prejuízos causados pelo fogo?

> ... Assim, aquele que pôs fogo deve pagar. O Santo-abençoado-seja-Ele disse: "Devo pagar pelo fogo que tinha ateado." Uma Halachá: começa-se por uma indenização à qual se está sujeito em função daquilo que vos pertence e termina-se por uma indenização devida por um estrago causado à própria pessoa, a fim de ensinar a vós que o dano causado pelo fogo se compara ao dano causado pela flecha.

Se os desgastes são produzidos pelos objetos que pertencem a vocês, é a vocês que se deve a reparação. É a lei. Mas o fogo, longe de atenuar essa responsabilidade, agrava-a, é comparado a um dano "causado por uma flecha atirada". É a designação de uma categoria especial. A flecha não é apenas uma coisa que pertence a vocês, como uma telha do telhado de sua casa que fere um passante. Ela supõe uma pontaria destruidora, aponta para alguém. Ora, sabemos, por outro lado, que aquele que atira a flecha deve uma indenização pela destruição dos bens materiais. Certamente. Mas ainda tem quatro coisas a pagar: os cuidados exigidos pelo ferido, o desemprego a que ele está reduzido, o sofrimento físico que lhe foi causado, a dor moral da vergonha, ou do prejuízo social que resulta de sua invalidez. A lei judaica anteciparia os seguros sociais?

De todo modo, ela conhece o peso e o valor da pessoa do próximo.

Curiosas identificações! O desencadeamento das forças elementares e anônimas equivale à intenção visando uma finalidade precisa do atirador de flechas! A criatividade do fogo restaurador se reduz a sua função defensiva! O ferreiro, que conhece o uso pacífico das forças elementais, estende a responsabilidade, levada a seu extremo, ao caos da guerra, e sem dúvida ao holocausto nacional-socialista. Robert Misrahi pode estar contente: é certamente a idéia que ele incute em seu ideal do *socialismo democrático*, termo que deve nos ser caro ao menos porque foi, sob Hitler, tratado como abstração dos intelectuais judeus degenerados. De novo encorajados pelo rabino-ferreiro, devemos nos atrever a usar essa expressão e a lançá-la como um desafio. Também devemos dizer: sim, os criminosos de guerra, isso existe! Essas horas entre cão e lobo nas quais tudo parece impunemente possível — é preciso pagá-las.

É isso que o texto ensina a nossa memória fraquejante. E eu deveria ter acabado lá atrás se nosso texto não nos anunciasse também — o que muito nos importa na hora atual, e sem o que os criminosos de guerra jamais pagarão — que Sião será reconstruído.

Fogo devorador e muralha protetora.

O rabi Itzak deduz uma Agadá de um princípio jurídico ligado à imagem da flecha lançada. Uma Agadá promete a reconstrução de Jerusalém em sua glória, a reconstrução pelos próprios meios usados para destruí-la, precisamente pelo fogo tornado protetor. Mas onde está a glória de Sua presença entre nós, senão na transfiguração do fogo devorador e vingador em muralha protetora, em muralha de defesa?

Glossário de termos judaicos

AGADÁ — Narração, história, lenda, folclore, ciência, parábolas do Talmude (q.v.) que abrangem toda a sabedoria dos rabinos mas não chegam a ser leis, ao contrário da Halachá (q.v.). Há considerações do Autor mais detalhadas sobre Agadá na Quinta Lição. Notar que o Autor emprega tanto o adjetivo agádico como hagádico, o que parece estabelecer apenas uma diferença prosódica, com uma aspiração inicial ou não.

AM-HAARETZ — Judeu ignorante em matéria de judaísmo. Usado em geral em relação a povo da roça, povinho em geral, gente inculta. Expressão bíblica.

AMORAIM — Sábios rabinos do Talmude (q.v.) que discutiam e compilavam a Lei, como os *tanaim* (q.v.) ou os *gaonim* (q.v.). É o plural de *amorá*. Como os *gaonim* — e diferentemente dos *tanaim* — ligam-se também ao Talmude da Babilônia. Foram os compiladores da Guemara (q.v.). Coletivamente, esses grupos são chamados amoraítas, gaonitas e tanaítas.

ASHAM — Sacrifício que o nazireu (q.v.) oferecia ao raspar seus cabelos com a navalha, quando por qualquer motivo tivesse perdido a pureza intrínseca a seu estado.

BAR — Palavra aramaica que significa "filho", correspondente ao hebraico *ben* (q.v.).

BEN — Partícula que quer dizer "filho" e serve como expressão de tratamento para os religiosos ilustres, praticamente incorporando-se ao nome. Por exemplo: "rabi João ben Matias", quer dizer, rabi João, filho de Matias. É termo tão próximo ao aramaico *bar* (q.v.) que às vezes ambos se confundem. Por exemplo: na introdução à Quarta Lição, o autor fala, em parágrafos quase seguidos, primeiro em "rabi Nahmã bar Itzak" e logo depois em "rabi Nahmã ben Itzak".

BERAKOT — É o plural de *berachá* ("bênção"). Um dos tratados do Talmude.

BRAITA — Seu sentido está explicado pelo Autor no próprio texto (na Segunda Lição): uma Mishna (q.v.) que não faz parte da coletânea do rabi Judá Hanassi, sábio de Jerusalém conhecido como o Patriarca ou o Príncipe.

GAONIM — Tal como os *amoraim* (q.v.), eram sábios, doutores da Lei que a discutiam. É o plural de *gaon* (além de *gaonim*, também se encontra, para o plural, a forma *gueonim*).

GUEMARA — Pode ser definida como um complemento ou ampliação da Mishna (q.v.), que procura interpretar. Segunda parte do Talmude, foi redigida em hebraico e aramaico (a palavra Guemara é aramaica). O Autor a define como "consignação por escrito das discussões levantadas pela Mishna", como está na Quinta Lição.

HALACHÁ — Lei judaica. O termo designa a coleção da tradição legal judaica, mas também pode ser empregado designando uma decisão legal específica. Tal como no caso de Agadá (q.v.), o autor faz considerações esclarecedoras sobre Halachá na Quinta Lição.

IECHIVOT — É o plural de *iechivá*, literalmente "sessão". Nome da escola tradicional judaica dedicada primordialmente ao estudo da literatura rabínica e talmúdica.

IEVAMOT — Tal como *Berakot* (q.v.), é um dos tratados do Talmude (q.v.). Trata da viúva de um homem que não deixou filhos.

IOM KIPUR — É, a um tempo, o dia da expiação dos pecados e o dia do perdão. É o último dos 10 dias de penitência do Ano Novo judaico. É uma das principais — senão a principal — celebrações do judaísmo. Nesse dia o crente se obriga a 24 horas de jejum, entrega-se à oração, ao exame de consciência e à penitência. Também estão proibidas todas as tarefas nesse período, segundo determinação bíblica (Lv 16, 31). Nesse dia o judeu religioso deve perdoar os inimigos e com eles reconciliar-se, deve esquecer as ofensas recebidas e pedir perdão pelas que fez. O jejum prova a possibilidade de vencer os apetites materiais e — fundamental — faz a própria carne sentir os padecimentos dos que sofrem fome e sede.

MIDRASH — Textos de análise bíblica minuciosa, exegese religiosa das Escrituras reunidas em livro compilado pelos mesmos sábios que organizaram o Talmude (q.v.). Também pode ter o sentido de uma determinada interpretação.

MISHNA — Primeira parte do Talmude (q.v.), que trata da hermenêutica das decisões, doutrinas e leis religiosas da Torá (q.v.). De início repetidas oralmente (estudo, repetição, é o sentido etimológico da palavra), essas interpretações acabaram compiladas, ordenadas e codificadas pelo rabi Judá Hanassi (ver Braita). Acompanhado de artigo indifinido ("uma Mishna"), o termo também pode ser aplicado a cada uma das interpretações.

NÁZIR — Um dos tratados do Talmude (q.v.), tal como os citados tratados de *Berakot* (q.v.) e *Ievamot* (q.v.).

NAZIRATO — Instituição transmitida pelo Senhor a Moisés, pela qual o homem se consagra a Deus. Está descrita no tratado de *Názir* e explicada na Bíblia, no capítulo 6 do livro dos Números, como o autor indica logo no início da Segunda Lição.

NAZIREU ou NAZIRITA — Aquele que fazia os votos do nazirato, instituição pela qual o homem se consagra a Deus, ou, mais comumente, é entregue a Deus pelos pais, ou até mesmo por um anjo do Senhor. Os votos são válidos no mínimo por 30 dias (mas também podem ser definitivos, como no caso de Sansão, consagrado a Deus por um anjo do Senhor ainda no seio materno), e consistem basicamente na manutenção da pureza, o que proíbe ao nazireu qualquer aproximação com um morto. Também está proibido de comer uvas frescas ou passas e de beber vinho ou qualquer bebida fermentada. O símbolo do nazirato são os longos cabelos, pois o nazireu está proibido de cortá-los com navalha pelo menos enquanto durar o período do compromisso.

RABÁ — Palavra aramaica que significa "nosso mestre" e era o título dado aos patriarcas e ao presidente do Sinédrio (q.v.).

RABI — Literalmente quer dizer "meu mestre", em hebraico. O tratamento era reservado originariamente aos sábios da Mishna e aos amoraítas de Jerusalém. De modo absoluto, o termo se refere ao rabi Judá Hanassi. Com o tempo, veio a designar o chefe espiritual de uma comunidade judaica, ou simplesmente uma pessoa erudita nas leis judaicas.

RAV — É um rabino que ensina. Significa "mestre". Também supervisiona o cumprimento da lei, do ponto de vista religioso.

SINÉDRIO — Assembléia, em hebraico. Também se encontra a forma *sanedrim*. Era o supremo conselho dos judeus e, guardadas as diferenças culturais, pode-se dizer que equivalia ao Senado dos gregos e romanos, mas, além de decidir sobre matéria legal, decidia também em matéria ritual. Seu presidente em função era o Sumo Sacerdote. Embora alguns queiram fazer sua origem remontar a Moisés e outros a Esdras, acredita-se que sua duração histórica não tenha ido além de três séculos, tendo deixado de existir no ano 66 d.C.

TALMID-HAHAM — A expressão está bem explicada pelo autor na Segunda Lição: o estudante da Torá e o juiz que estudou a Torá e a aplica. É a figura mais alta do judaísmo, acrescenta o autor. Samuel e Sansão eram juízes.

TALMUDE — Depois da Bíblia, é o mais famoso livro dos judeus. Etimologicamente significa estudo. É uma abreviatura da expressão Talmude Torá (estudo da Torá). Divide-se em Mishna (q.v.) e Guemara (q.v.), com diversos tratados. Primeiro a palavra Talmude referia-se apenas à Guemara, comentário por escrito das discussões levantadas pela Mishna. Mais tarde, veio a abranger ambos os conjuntos. Ao todo, são 63 livros de leis, éticos e históricos, escritos pelos antigos rabis durante sete séculos, até sua primeira publicação, que data de 499 d.C., nas academias religiosas da Babilônia, onde vivia na ocasião a maior parte dos judeus.

TANAIM — Outra palavra aramaica. É o plural de *taná*, que significa "ensinante", ao pé da letra, e é usada pelo próprio Talmude (q.v.) para designar os sábios da Lei que deram origem à Mishna (primitivamente referia-se a qualquer erudito do tempo rabínico). Por essa classificação do Talmude, o período dos tanaítas (ver Amoraim) vai do fim do século I d.C. até a morte do rabi Judá Hanassi (219 d.C.).

TEFILIM — Também conhecidos em português como filactérios (do gr. *phylaktérion*, "que protege"). São dois cubinhos de couro contendo quatro trechos do Pentateuco que, a partir dos 13 anos, os judeus devotos enrolam no braço esquerdo, à altura do coração, e na testa, para suas orações matinais, exceto nos sábados e dias festivos. Significam que nossos pensamentos (o da cabeça) e sentimentos (o próximo do coração) devem estar voltados para Deus.

TORÁ — É a "Lei de Moisés", contida nos cinco primeiros livros da Bíblia, reunidos pelos judeus alexandrinos sob o termo grego Pentateuco ("cinco volumes"). A palavra Torá figura na Bíblia mais de 220 vezes e se enraíza no verbo hebraico *iaro*, lançar, projetar. A citação desse verbo em Jó 38, 6 é tida como a sua melhor definição: "projetar os alicerces de um edifício". A tradução corrente de Torá por "Lei" tem origem na versão Septuaginta, nome da primeira tradução grega da Bíblia, completada em Alexandria no século II a.C. (tem esse nome porque, segundo a lenda, teria sido realizada durante vários anos por um grupo de 70 sábios). O mais extenso dos salmos, o 119 (nas versões grega e latina da Bíblia, 118), um hino de louvor à Torá em forma de acróstico, com vinte e duas estrofes encabeçadas pelas vinte e duas letras do alfabeto hebraico, a define em sua mais ampla acepção, como a totalidade da lei divina, guia para a caminhada do homem neste mundo.

TOSAFITE — Palavra hebraica que significa "agregados". São os comentários adicionais e exposições eruditas referentes aos textos bíblicos. Também se encontra a forma *tosafote*, com alternância vocálica na penúltima sílaba. Esses comentários foram redigidos por uma escola bíblica denominada Baal-Tosafote, existente nos séculos XII e XIII na França e na Alemanha, tendo como chefe e orientador o mestre Jacó ben Meir.

TOSSEFTA — É um suplemento da Mishna, também constituído de comentários.

ZOHAR — O sentido da palavra é brilho, esplendor. Trata-se do livro principal da cabala espanhola, isto é, de judeus espanhóis ligados ao misticismo da religião israelita. A tradição mística judaica atribui a autoria do livro ao famoso rabi Simão ben Ioshai, que ocupa um lugar muito especial entre os tanaítas e viveu no século II d.C, como diz o autor na Primeira Lição. Simão teria trabalhado com uma equipe de colegas e discípulos empenhados, com espírito cabalístico, na discussão dos mistérios da Torá. Abrange comentários sobre o Pentateuco e partes do Cântico dos Cânticos, do livro de Rute e do livro das Lamentações. O nome completo da obra é *Sefer ha-Zohar*, isto é, o Livro do Esplendor, escrito em aramaico. Há quem afirme, porém, que o autor da obra é o rabi Moisés de León, místico judeu espanhol do século XIII, que teria utilizado material antigo acrescentando contribuições próprias a ele.

Nota final do tradutor — Para este Glossário, basicamente foi utilizado o *Pequeno Vocabulário do Judaísmo*, de Hugo Schlesinger (Edições Paulinas, São Paulo, 1987), e, em menor escala, do glossário que encerra o livro *Novelas de Jerusalém*, uma seleção de histórias do prêmio Nobel de literatura de 1966, Schmuel Iossef Agnon (Editora Perspectiva, São Paulo, 1967, Coleção Judaica). O prêmio, vale lembrar, foi dividido com a escritora Nelly Sachs, também israelita. Uma palavra de agradecimento ao companheiro e amigo Léo Schlafman, a cuja biblioteca pertencem os dois volumes citados, generosamente cedidos para que se cumprisse o trabalho.

Este livro foi composto na tipologia Classical
Garamond, em corpo 10,5/14, e impresso em
papel Chamois Fine 80g/m² no Sistema Cameron
da Divisão Gráfica da Distribuidora Record.